新一代 电力交易平台（省级）设计丛书

需求规格设计
市场出清分册

北京电力交易中心有限公司　组编

中国电力出版社
CHINA ELECTRIC POWER PRESS

内 容 提 要

为加快全国统一电力市场体系建设，推动构建清洁低碳、安全充裕、经济高效、供需协同、灵活智能的新型电力系统，有效助力构建新型能源体系，进一步加快电力交易市场体系建设，北京电力交易中心有限公司组织各相关单位有关专家编写了《新一代电力交易平台（省级）设计丛书》。本丛书共 8 个分册，包括市场服务业务模型、市场出清业务模型、市场结算业务模型、技术支撑业务模型以及市场服务需求规格、市场出清需求规格、市场结算需求规格、技术支撑需求规格，对省内电力交易的业务流程、业务活动和业务信息等内容进行了深入浅出地讲解。

本分册为《新一代电力交易平台（省级）设计丛书 需求规格设计 市场出清分册》，主要介绍市场出清的概述、术语和定义、主要依据、现状分析、业务描述、共享融合需求等内容。

本套丛书既可作为发电企业、售电公司、电力用户等市场主体从业人员系统学习省内电力市场全环节业务的专业书籍，也可作为咨询人员、工程技术人员和高等院校师生的参考用书。

图书在版编目（CIP）数据

需求规格设计. 市场出清分册/北京电力交易中心有限公司组编. —北京：中国电力出版社，2024.4
（新一代电力交易平台（省级）设计丛书）
ISBN 978-7-5198-8192-4

Ⅰ.①需… Ⅱ.①北… Ⅲ.①电力市场－市场交易－管理信息系统－系统设计－中国 Ⅳ.①F426.615

中国国家版本馆 CIP 数据核字（2023）第 190333 号

出版发行：中国电力出版社
地　　址：北京市东城区北京站西街 19 号（邮政编码 100005）
网　　址：http://www.cepp.sgcc.com.cn
责任编辑：匡　野（010-63412786）
责任校对：黄　蓓　马　宁
装帧设计：张俊霞
责任印制：石　雷

印　　刷：三河市百盛印装有限公司
版　　次：2024 年 4 月第一版
印　　次：2024 年 4 月北京第一次印刷
开　　本：787 毫米×1092 毫米　16 开本
印　　张：5.5
字　　数：102 千字
印　　数：0001—3500 册
定　　价：46.00 元

版 权 专 有 侵 权 必 究

本书如有印装质量问题，我社营销中心负责退换

丛书编委会

主　　任　史连军　谢　开
副主任　庞　博　常　青　曹瑛辉　李增彬　谢　文
成　　员　李　竹　刘　硕　汤洪海　张　显　周　琳
　　　　　　王　琪　何显祥　徐　亮　刘永辉　王　立

本分册编写组

组　　长　张　显
成　　员　汤洪海　谢　文　刘永辉　张　楠　金一丁
　　　　　　张　硕　董晓亮　司良奇　邢　通　陈梦瑶
　　　　　　王　立　嵇士杰　朱皇儒　李　娟　安　邦
　　　　　　孙鸿雁　何　洋　董武军　王虎进　李瑞肖
　　　　　　王兴存　王　蕾　张辰达　程月瑄　王　楷
　　　　　　王钰昕　胡本然　王方胜　刘　琰　傅　铮
　　　　　　褚宇宁　刘　超　刘　冬　罗大勇　杨　猛

序

新一代电力交易平台（省级）设计丛书

习近平总书记指出，能源保障和安全事关国计民生，是须臾不可忽视的"国之大者"。党的二十大报告提出，要积极稳妥推进碳达峰碳中和；深入推进能源革命，加快规划建设新型能源体系，加强能源产供销储体系建设。习近平总书记重要指示和党的二十大报告精神，为能源电力高质量发展提供了根本遵循。中央深改委审议通过《关于深化电力体制改革　加快构建新型电力系统的指导意见》，国家发展改革委、国家能源局陆续出台《关于加快建设全国统一电力市场体系的指导意见》《电力中长期交易基本规则》《电力现货基本规则（试行）》《电力市场信息披露基本规则》《关于建立煤电容量电价机制的通知》等政策文件，为多层次统一电力市场建设指明方向和目标，为各类交易品种建设和各类主体参与市场提供了支撑。

北京电力交易中心积极落实改革有关任务，积极推动电力市场体系建设，在全国统一电力市场建设、能源资源大范围优化配置、新能源消纳等方面取得了积极成效。经过各方多年共同努力，我国电力市场已形成了"统一市场、两级运作"的总体架构，空间上覆盖省间、省内，时间上覆盖中长期、现货，品种上覆盖电能量、辅助服务的全范围、全周期、全品种市场体系。省间中长期交易已实现连续运营，省内中长期连续运营稳步推进，现货市场建设全面加快。辅助服务市场体系不断完善，容量价格机制有效落地，绿电绿证交易取得新突破。目前，国家电网经营区市场化交易电量占比超过75%，省间交易电量占比超过20%，电力市场在资源优化配置中的作用充分彰显。

电力交易平台是电力市场体系架构和交易运营业务落地应用的重要技术载体。北京电力交易中心持续推动交易专业数智化转型，实现数字技术与交易业务深度融合，聚焦中长期与现货市场协同运营、基于可用输电能力（ATC）的多通道集中优化出清、高性能柔性结算、绿电绿证交易及消费核算、电商化"e-

交易"、全市场数据能力中心、电力市场全景仿真等重点领域，攻克了诸多关键技术难题，取得了一系列具有自主知识产权的科技创新成果。建成了覆盖省间和27个省市场，具备"业务运作实时化、市场出清精益化、交易规则配置化、市场结算高效化、基础服务共享化、数据模型标准化"特征的新一代电力交易平台，成为世界首套"云-台-链-智"融合的电力交易系统，建立了弹性调度、安全可靠的云架构技术支撑体系，构建了基于能力共享、运转灵活的电力交易业务中台系统架构，实现市场服务、市场出清、市场结算、市场合规、信息发布和系统管理等六大业务应用，设计了基于区块链的电力交易、溯源和认证技术，全面支撑了多层次统一电力市场高效协同运营。为促进新能源消纳和大范围优化配置、支撑新型电力系统建设、服务广大市场主体提供了坚强的技术保障。

随着新型电力系统建设不断推进，电力市场化改革逐步迈入"深水区""无人区"，电力市场建设面临供需形势变化拐点和新能源消纳与发展形势拐点。电力市场建设必须紧密结合电力系统电源构成、电网形态、负荷特性、技术基础、运行特性等方面发生的新变化，适应目标多元化、价值多维化、组织精细化、空间分层化、资源聚合化等新要求，更好服务和支撑新型电力系统建设运行需要。

在建设全国统一大市场，健全多层次统一电力市场体系的新征程上，需要进一步推动电力市场知识的普及、电力市场意识的培育、电力市场研究的深化、电力市场智慧的凝结。《新一代电力交易平台（省级）设计丛书》充分考虑了当前各省电力交易组织的实际情况，全面、系统地梳理了省内电力市场交易业务，是国内首套集中深入总结和提炼省内电力交易业务的专业技术丛书。丛书内容详实、结构清晰，对推动我国电力市场发展、促进电力交易业务创新具有重要的参考价值与现实意义。愿广大读者朋友学用结合、共同努力，充分发挥电力市场对能源清洁低碳转型的支撑作用，携手书写中国式现代化能源电力新篇章，为强国建设和民族复兴提供安全、经济、绿色的能源服务。

中国工程院院士
中国电机工程学会理事长
2024年3月

前 言

新一代电力交易平台（省级）设计丛书

根据国家电力体制改革有关要求，北京电力交易中心于2016年3月1日正式挂牌成立。作为国家级电力交易机构，北京电力交易中心在电力市场建设、电力交易运营、技术支持平台建设等方面开展了大量前瞻研究与具体实践，形成了一系列技术标准、管理标准和科研成果，主持建设的新一代电力交易平台已成为全球交易量最大的大型电力市场技术支撑系统。截至2023年底，国家电网有限公司经营区范围内，在电力交易平台注册的发电企业、售电公司、电力用户等经营主体共56.8万余家。新一代电力交易平台有力支撑了中长期、现货、辅助服务等全周期、多品种交易，有力统筹了省间与省内、中长期与现货、交易与运行、批发与零售业务，服务了新型电力系统建设，在"保供应、促转型、稳价格"方面发挥了重要作用。

新一代电力交易平台包括省间、省级两部分，分别承担跨省跨区、省内电力交易业务，省间平台于2020年7月正式运行，省级平台于2021年6月正式运行。为总结新一代电力交易平台建设成果，北京电力交易中心于2021年组织编写了《新一代电力交易平台（省间）设计丛书》，受到了业界好评。此次又组织编写了《新一代电力交易平台（省级）设计丛书》，包括市场服务业务模型、市场出清业务模型、市场结算业务模型、技术支撑业务模型以及市场服务需求规格、市场出清需求规格、市场结算需求规格、技术支撑需求规格共八个分册，对省内电力交易的业务流程、业务活动和业务信息等内容进行了深入浅出讲解。本套丛书既可作为发电企业、售电公司、电力用户等市场主体从业人员系统学习省内电力市场全环节业务的专业书籍，也可作为咨询人员、工程技术人员和高等院校师生的参考用书。

本分册是《新一代电力交易平台（省级）设计丛书 需求规格设计 市场出清分册》。第1章分析市场出清的业务建设背景，介绍市场出清的基本概念。第2章规定并明确了本分册所涉及的术语和定义。第3章列举市场出清功能在建设中所需遵从的国家及电力行业所颁布的相关管理规定。第4章分析市场出清业务现状和信息系统现状。第5章介绍市场出清的业务目标，描述了组织单元，详细介绍了双边协商交易流程、集中竞价交易流程、挂牌交易流程、现货交易流程、零售交易流程及其流程分项说明，市场出清业务活动及其业务活动分项说明，市场出清的业务信息。第 6 章介绍市场出清业务的共享融合需求。

需要说明的是，本套丛书涉及大量的流程和岗位角色，编者为了方便读者理解，编制了组织单元图，努力为所有流程和岗位角色提供统一的命名。丛书中所列的组织单元图、业务流程图仅仅是一种示例，可能跟实际情况有差异，请读者朋友知晓。

本套丛书编写全过程，得到了首都、天津、河北、冀北、山西、山东、上海、江苏、浙江、安徽、福建、湖北、湖南、河南、江西、四川、重庆、辽宁、吉林、黑龙江、蒙东、陕西、甘肃、青海、宁夏、新疆、西藏电力交易中心，以及南瑞集团北京科东公司、中国电科院电自所、计量所、四川中电启明星公司、国网区块链科技公司等单位大力支持，在此一并深表谢意！本套丛书凝聚了电力市场专家团队、电力交易平台建设队伍近二十年的研究成果和实战经验，并以此为基础进行总结和提炼，希望能为读者带来帮助和启迪。

由于编者水平有限，书中难免存在不足和疏漏之处，恳请各位读者批评指正。

编 者

2024 年 3 月

目 录

序
前言

1 概述 1

2 术语和定义 2

3 主要依据 4

4 现状分析 5

    4.1 业务现状分析 5

    4.2 信息系统现状分析 6

5 业务描述 7

    5.1 业务目标 7

    5.2 组织单元 7

    5.3 业务流程 8

    5.4 业务活动 45

    5.5 业务信息 65

6 共享融合需求 74

    6.1 共享融合需求一 74

    6.2 共享融合需求二 74

参考文献 75

1 概　　述

依据全国统一电力市场深化设计方案，按照"统一设计、安全可靠、配置灵活、智能高效"的原则，构建"业务运作实时化、市场出清精益化、交易规则配置化、市场结算高效化、基础服务共享化、数据模型标准化"的新一代电力交易平台，更好支撑全市场形态、全电量空间、全体系结构、全范围配置的全国统一电力市场建设，特编写本书。

市场出清是指在满足电网安全运行的前提下，为保障电力系统安全、经济、高效运行，通过市场机制形成交易电量与交易价格交易曲线，确定交易双方经济责任与交割合同的过程。市场出清是电力市场组织运营的核心，包括交易组织、合同生成等业务环节，承担着供需信息收集、电能价格形成等市场功能。

本分册主要基于《新一代电力交易平台（省级）设计丛书　业务模型设计　市场出清分册》的业务内容，从现状分析、业务描述、共享融合需求等方面，对市场出清业务功能进行需求规格设计，指导电力交易平台市场出清功能研发，各省电力交易平台实际建设情况与本书内容可能会存在差异。

现状分析主要从业务现状和信息系统现状两个方面进行分析，为业务需求规格设计提供依据。业务描述主要从业务目标、组织单元、业务流程、业务活动、业务信息五个方面梳理分析，提出业务需求规格设计基本内容，规范电力交易平台市场出清功能设计开发。共享融合需求主要介绍了市场出清与其他系统数据交互的需求和流程。

2 术语和定义

本书涉及的术语和定义见表 2-1。

表 2-1 名 词 术 语 表

序号	名称	定义
1	电力批发市场	发电企业与电力用户或售电公司等市场主体之间，通过市场化方式进行的电力交易活动的总称
2	电力零售市场	售电公司与电力用户之间开展的购售电交易活动的总称
3	中长期交易	符合准入条件的发电企业、电网企业、售电公司、电力用户等市场主体，通过双边协商、集中竞价等市场化方式，开展的多年、年、季、月、周、多日电力批发交易
4	电力直接交易	符合准入条件的发电企业、电力用户、售电公司等市场主体，按照自愿参与的原则，通过双边协商、集中竞价等市场化方式，开展的购售电交易
5	合同转让交易	将合同的全部或部分电量转让给合同之外的第三方的交易
6	双边协商交易	市场主体之间按有关规则自主协商交易电量/电力、电价，并通过电力交易平台进行申报确认、出清，经安全校核后形成最终交易结果
7	集中竞价交易	设置交易报价提交截止时间，电力交易平台汇总市场主体提交的交易申报信息，按照市场规则进行统一的市场出清，发布市场出清结果
8	挂牌交易	挂牌方市场主体通过电力交易平台，将购电（或售电）的需求电量/电力或者可供电量的数量和价格等信息对外发布要约邀请，由符合资质要求的另一方提出接受该要约邀请
9	滚动撮合交易	在规定的交易起止时间内，市场主体可以随时提交购电或者售电信息，电力交易平台按照时间优先、价格优先的原则进行滚动撮合成交
10	边际电价法	所有成交电量均采用统一边际价格进行出清的方法

2 术语和定义

续表

序号	名称	定义
11	报价撮合法	将购电方、售电方申报价格（差）配对，形成竞争交易价格（差）进行出清的方法
12	输配电价	电网经营企业提供接入、联网、电能输送和销售服务的价格总称
13	安全校核	校核由市场出清预先形成的无约束交易结果是否满足网络安全稳定的约束条件的过程
14	交易申报	市场主体参与市场竞争，向电力交易机构提交电量、价格的行为
15	交易限价	为了防止电力市场风险，对售电方和购电方申报价格所采取的限制数值约束
16	合同管理	对电能交易合同与协议的编制、查询、变更、归档、执行跟踪等过程的管理
17	购电方	按照合同约定在电力交易中购入电能的市场主体
18	售电方	按照合同约定在电力交易中售出电能的市场主体
19	合同变更	合同在正式签订之后，有变更信息产生，经过合同各方同意和电力交易中心的统一授权后进行合同信息修改
20	电子合同	由电力交易平台根据已发布的交易结果自动生成的，用于约定交易成交各方权利义务以及交易各项条款的电子协议，电子合同具备与纸质合同相同的法律效力。电子合同主要采用两种模式：一是由"交易承诺书＋交易公告＋交易结果"等信息形成的组合模式电子合同，二是基于标准化合同范本生成的合同文本模式电子合同
21	绿色电力产品	符合国家有关政策要求的风电、光伏等可再生能源发电企业上网电量
22	绿色电力交易	以绿色电力产品为标的物的电力中长期交易
23	绿色电力证书	国家对发电企业每兆瓦时可再生能源上网电量颁发的具有唯一代码标识的电子凭证，作为绿色电力环境价值的唯一凭证
24	绿色电力交易平台	支撑绿色电力交易开展的技术支持系统，包括"e-交易"与电力交易平台

3 主要依据

本书在编写过程中遵循以下规定和办法的要求内容，具体实施过程中宜按最新标准执行。

《中共中央国务院关于进一步深化电力体制改革的若干意见》（中发〔2015〕9号）及其相关配套文件

《电力中长期交易基本规则》（发改能源规〔2020〕889号）

《国家能源局关于做好2021年电力中长期合同签订工作的通知》（发改运行〔2020〕1784号）

《国家发展改革委办公厅关于组织开展电网企业代理购电工作有关事项的通知》（发改价格〔2021〕809号）

《国家发展改革委关于进一步深化燃煤发电上网电价市场化改革的通知》（发改价格〔2021〕1439号）

《国家能源局关于加快建设全国统一电力市场体系的指导意见》（发改体改〔2022〕118号）

《北京电力交易中心绿色电力交易实施细则（修订稿）》（京电交市〔2023〕44号）

《北京电力交易中心跨区跨省电力中长期交易实施细则（修订稿）》（京电交市〔2022〕26号）

《电力现货市场基本规则（试行）》的通知（发改能源规〔2023〕1217号）

4 现状分析

4.1 业务现状分析

随着电力体制改革的不断深化,具有中国特色的全国统一电力市场建设快速推进,基于"中长期+现货+辅助服务"的电力市场连续运营的工作全面铺开,省级电力市场作为全国统一电力市场的重要组成部分,已初步形成不同形态、不同层次、不同时序相互嵌套的电力市场架构体系,在调整能源结构、提高利用效率、促进节能减排、保障能源供给、稳定能源价格等方面发挥着重要作用。

与此同时,为了加快新型电力市场的建设,促进各类市场主体深度融入全国统一电力市场,更好地服务市场主体,更广泛地适应市场发展,将电力交易业务重新梳理为市场出清、市场结算、市场合规、市场服务四大业务模块。

市场出清业务模块涵盖了交易管理和合同管理的各个业务环节。其中,交易管理用于支撑中长期交易、现货交易、零售交易等业务,涵盖了交易组织、结果形成等业务环节。合同管理用于支撑合同生成、电子合同管理等业务的开展。

1. 交易管理现状分析

随着我国电力市场体系的不断发展与完善,对交易管理的标准不断提高,主要体现在以下几个方面:

(1) 各层次市场紧密连接、相互作用,对交易管理与系统设计提出了更高的要求。目前我国第一、二批现货市场建设试点省份已迈入不间断运行阶段,交易环节按照时序可划分为中长期交易与现货交易,按照市场层次可划分为批发交易与零售交易,按照电能属性又可划分为实物交易与标准合约交易。在交易管理工作中,不同层次市场需在价格形成机制、时序安排、组织方式选择上充分衔接。同时,各省市场建设进度、交易规则条款存在一些差异,在系统设计方面则需要进行模块化设计、配置化应用。

(2) 交易组织环节逐步升级为实时业务场景。从交易方式来看,对于年度、多月、月度、月内等周期的交易,多采用双边协商、集中竞价、挂牌或滚动撮合方式。为提升交易信息获取效率、增加市场主体参与交易便捷性,短周期中长期交易往往采用滚动撮合方式,该交易方式实现交易出清实时计算、盘口信息实时共享、交易结果实时查询，对系统运行稳定性、撮合计算效率、应急处置能力都提出了很高的要求。

（3）连续开市运营方式下亟需提升交易平台标准化、自动化与智能化管理水平。由于电能尚无法大规模经济存储，电力的生产、运输、消费需遵循时间维度的连续与空间维度的约束，电力市场的按日连续开市是今后一个时期市场的发展方向。在以日为周期的交易管理工作中，需实现以标准化业务设计促进交易平台标准化建设、以周期型运营机制促进交易平台自动化配置、以新技术应用促进交易平台智能化发展的总体目标。

2. 合同管理现状分析

随着交易业务的深入开展，参与市场化交易的市场主体、交易频次、交易规模逐步扩大，交易形成的合同也呈现指数增长，传统的合同管理方式不再满足全面市场化合同管理的要求，需要平台提供电子化合同管理的支撑功能，实现合同流转线上作业，提高合同管理效率，保证交易业务顺畅开展。

4.2 信息系统现状分析

新一代电力交易平台自 2019 年开始建设，总体上完成了中长期交易、现货交易、合同管理、市场成员管理、市场结算、信息发布、市场合规、系统管理等模块的建设工作，主要实现"两级"电力交易业务支撑，向广大的发电企业、电力用户及售电公司提供稳定、公开、便捷的电力交易服务。新一代电力交易平台采用二级部署，在北京电力交易中心和各省级电力交易中心范围内应用。

新一代电力交易平台（省级）根据业务发展情况，主要从交易管理和合同管理 2 个方面致力于构建全方位、多层次、高透明的市场出清模块，并支持多参数动态配置、多维度统计分析、多版本回退追溯等业务应用场景，为日益复杂的电力交易市场提供强有力的技术支撑。

5 业务描述

5.1 业务目标

市场出清是电力交易的核心业务环节，紧密连接市场服务和市场结算，为注册市场主体提供参与交易的平台，并提供结算所需基础数据，旨在实现交易的全链条业务流程管理。市场出清涵盖了交易管理和合同管理的各个核心环节，包括交易组织、交易申报、交易出清、交易结果发布、电子合同等。按照业务类型可划分为中长期交易、现货交易、零售交易、合同管理4个子模块，各个模块间独立运行又无缝衔接，从而保障市场出清业务的完整性和连贯性。

市场出清模块主要实现业务目标如下：

1. 中长期交易

服务发电企业、电力用户、售电公司等市场主体通过双边协商、集中竞价、挂牌交易等交易模式，开展电力直接交易、发电权交易、电网代理购电交易等市场化电力交易。

2. 现货交易

实现日前交易、日内交易、实时交易的交易申报、开市前信息披露、交易结果发布等业务目标。

3. 零售交易

通过规范套餐标准库、建立售电公司虚拟商铺、优化线上比对遴选、完善事后评价等方式，搭建"电商化"的零售交易平台，促进批发与零售市场的衔接，降低交易成本，构建公开透明、标准统一、竞争有序、高效流动的零售市场体系。

4. 合同管理

合同管理的主要业务目标是具备支撑全面的电子化管理和流转能力，并支持合同类型定义、合同文本管理等核心业务开展。

5.2 组织单元

组织单元如图5-1所示。

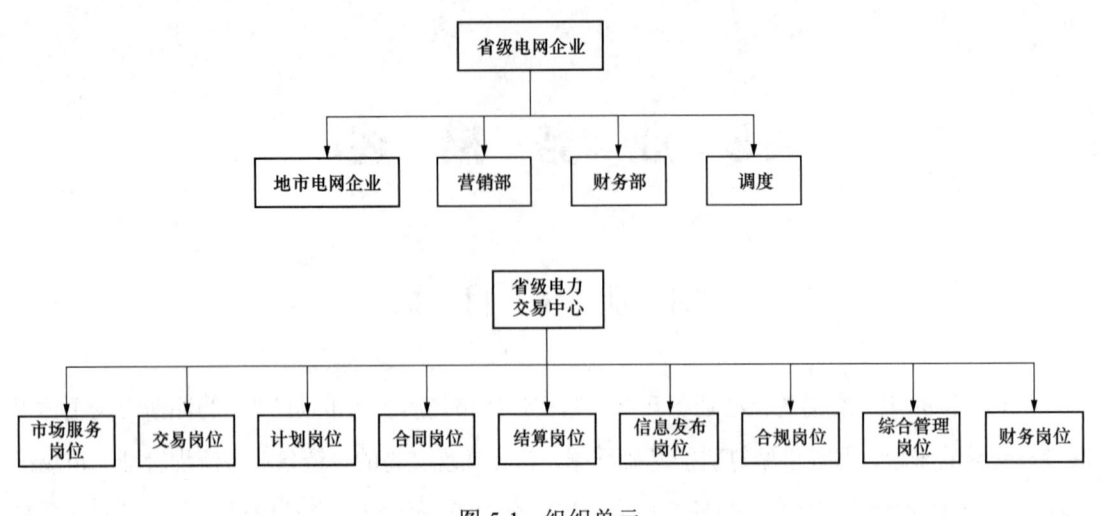

图 5-1 组织单元

5.3 业 务 流 程

5.3.1 流程清单

5.3.1.1 业务流程梳理过程

按照业务通用框架去解析流程，标准规范的业务流程框架具备业务覆盖全面、体系结构严谨、反应业务逻辑、体现业务差异等特点：

（1）业务覆盖全面：涵盖北京电力交易中心和省级电力交易中心不同层级，同时市场出清过程中涉及交易、合同等不同的业务领域。

（2）体系结构严谨：交易业务流程模块之间应建立必要的层级与逻辑关系，确保整体体系结构的合理性和完整性。

（3）反应业务逻辑：体现交易业务开展的逻辑方法，清晰呈现业务流程的生命周期，使其符合实际业务活动的发展过程。

（4）体现业务的差异：在交易业务流程中，根据组织方式来划分业务流程场景，准确体现业务差异。

流程框架梳理方法见表 5-1。

业务模型的流程框架见图 5-2。

表 5-1　　　　　　　　　　　流程框架梳理方法

	自上而下	自下而上
方法	• 首先结构流程全貌，然后层层分解到细节流程	• 从细节流程入手，然后挑选、合并进行处理，生成上一级流程
优点	• 能够建立流程体系的全貌，容易检验和修订 • 可以避免流程的重复、重叠和无法贯通 • 较大限度保证了流程的共享和复用	• 建立的流程应用基于实际
不足	• 需要有清晰的业务流程信息作为输入、输出 • 对于原有流程体系需进行提炼修改	• 无法看到流程的全貌 • 通过底层合并非常困难，难以形成完整的流程体系
总结	• 适合于建立面向客户的业务流程	• 适合于基于现有流程（AS-IS）建立体系结构

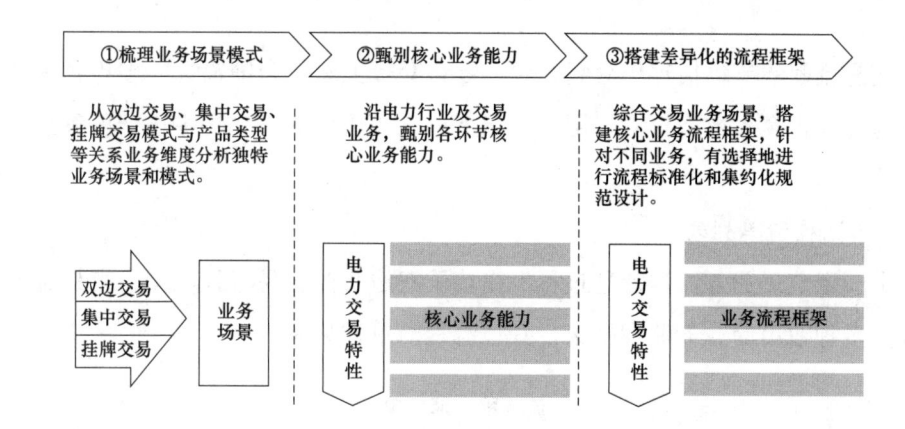

①梳理业务场景模式 → ②甄别核心业务能力 → ③搭建差异化的流程框架

从双边交易、集中交易、挂牌交易模式与产品类型等关系业务维度分析独特业务场景和模式。

沿电力行业及交易业务，甄别各环节核心业务能力。

综合交易业务场景，搭建核心业务流程框架，针对不同业务，有选择地进行流程标准化和集约化规范设计。

双边交易 / 集中交易 / 挂牌交易 → 业务场景

电力交易特性 | 核心业务能力

电力交易特性 | 业务流程框架

图 5-2　业务模型流程框架设计三步法

综合考虑自上而下、自下而上流程框架梳理方法中的流程标准化和集约规范设计方法，可将多项业务中环节相同的流程提炼为通用流程类型。按照市场出清业务现状，市场出清业务流程可分为双边协商交易流程、集中竞价交易流程、挂牌交易流程、现货交易流程、零售交易流程 5 类。

双边协商交易流程类型包括电力直接双边协商交易流程、发电权双边协商交易流程、合同转让双边协商交易流程、合同变更双边协商交易流程等，其中的环节包括交易序列管理、交易单元信息校核、交易附件上传、交易公告发布、申报方申报、确认方确认、申报信息查询、无约束交易结果发布、安全校核、交易结果调整、交易结果发布、交易结果查询。

集中竞价交易流程类型包括电力直接集中竞价交易流程、电网代理购电集中竞价交易流程、合同转让集中竞价交易流程，其中的环节包括交易序列管理、交易单元信息校核、交易附件上传、交易公告发布、交易申报、交易开标、交易计算、无约束交易结果发布、安全校核、交易结果调整、交易结果发布、交易结果查询。

挂牌交易流程类型包括电力直接挂牌交易流程、电网代理购电挂牌交易流程、发电权挂牌交易流程、合同转让挂牌交易流程、需求侧响应挂牌交易流程、预挂牌上调交易流程、预挂牌下调交易流程等，其中的环节包括交易序列管理、交易单元信息校核、交易附件上传、交易公告发布、发布购/售电量信息、选择/认购电量、挂牌信息查询、交易开标、交易计算、无约束交易结果发布、安全校核、交易结果调整、交易结果发布、交易结果查询。

现货交易流程环节包括现货交易序列管理、现货交易售方申报、现货交易购方申报、现货市场信息交互（推送）、交易出清、安全校核、现货市场信息交互（获取）、交易结果查询。

零售交易流程环节包括零售套餐配置、零售套餐上架、店铺筛选、零售套餐筛选、零售套餐比选、零售套餐详情查看、用户确认下单、双边议价下单、零售套餐参数修改、零售合同确认。

5.3.1.2 流程清单列表

根据上一章节"业务流程梳理过程"，提炼了双边协商交易流程、集中交易流程、挂牌交易流程等多种通用的业务流程框架，具体流程清单详见表5-2。

表 5-2　　　　　　　　　　流　程　清　单

流程编号	业务流程名称	父级流程编号	业务职能名称
BP-BD-SCCQ-0101	双边协商交易流程	无	交易组织
BP-BD-SCCQ-0102	集中竞价交易流程	无	交易组织
BP-BD-SCCQ-0103	挂牌交易流程	无	交易组织
BP-BD-SCCQ-0104	现货交易流程	无	交易组织
BP-BD-SCCQ-0105	零售交易流程	无	交易组织

5.3.2 业务流程图

本章节采用流程图的形式对双边协商交易流程、集中竞价交易流程、挂牌交易流程、现货交易流程、零售交易流程等业务流程进行描述。

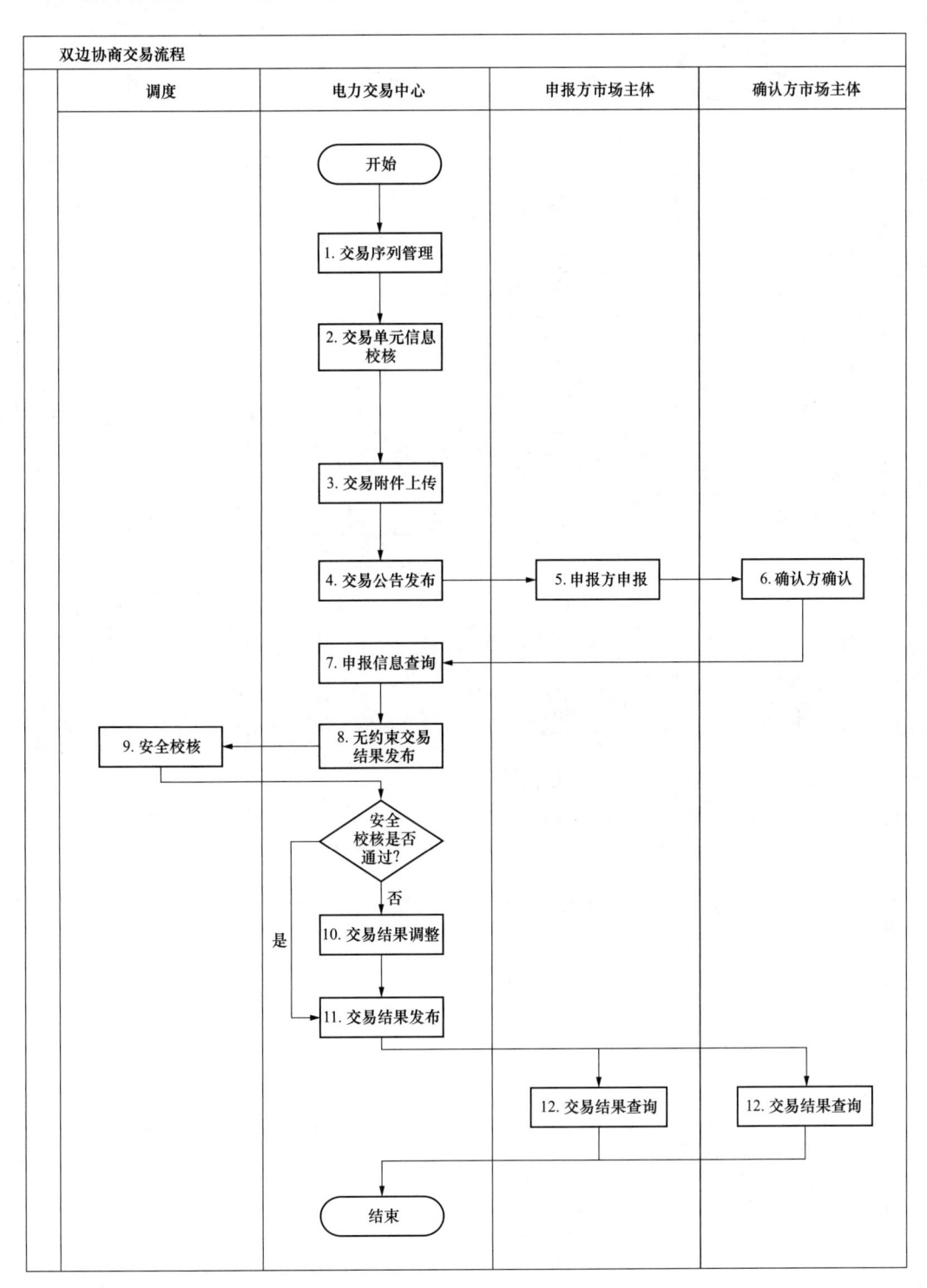

1. 双边协商交易流程图

双边协商交易流程如图 5-3 所示。

图 5-3 双边协商交易流程图

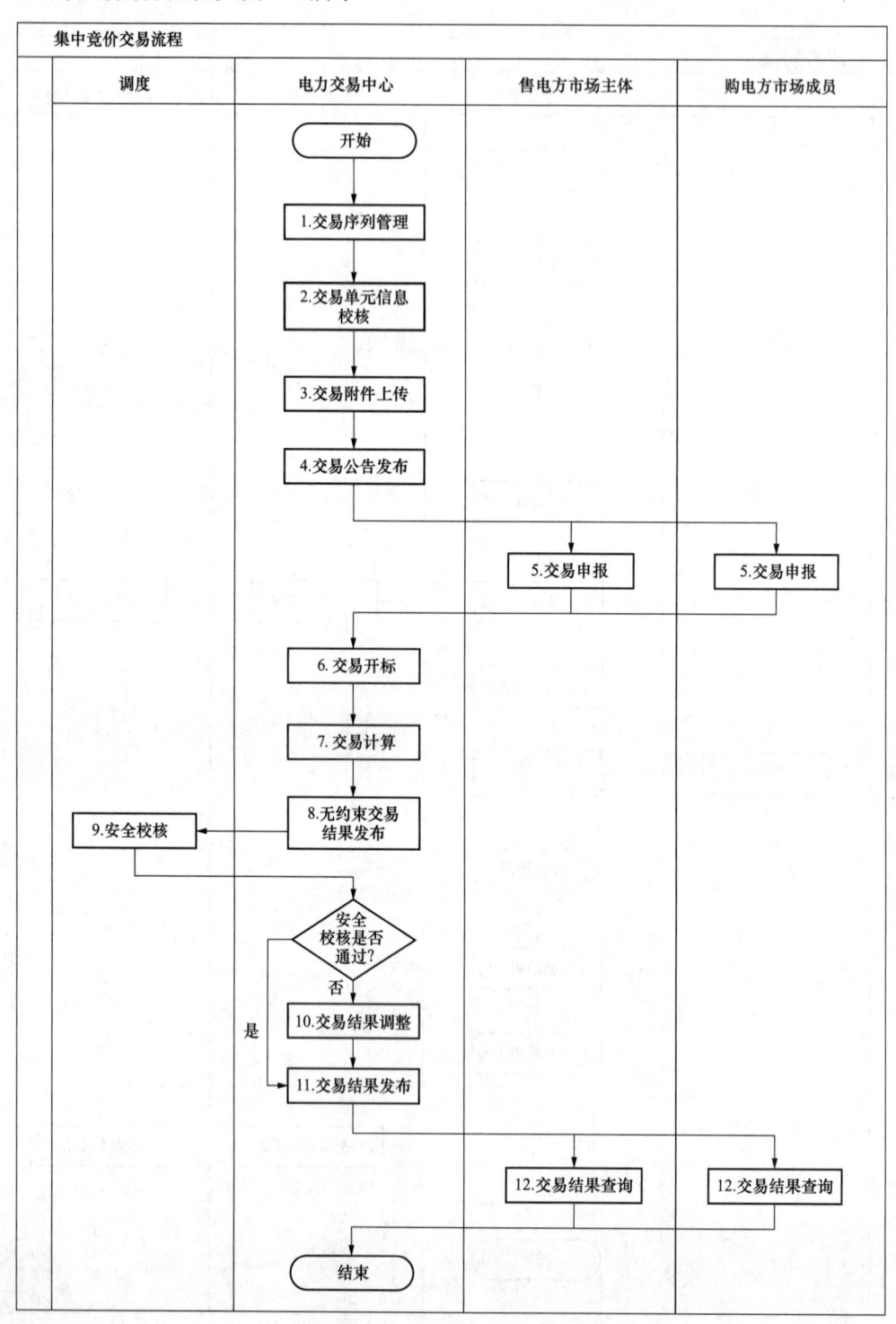

2. 集中竞价交易流程图

集中竞价交易流程如图 5-4 所示。

```
集中竞价交易流程
┌─────────┬──────────────┬──────────────┬──────────────┐
│  调度   │  电力交易中心 │ 售电方市场主体│ 购电方市场成员│
├─────────┼──────────────┼──────────────┼──────────────┤
│         │     开始      │              │              │
│         │      ↓        │              │              │
│         │ 1.交易序列管理 │              │              │
│         │      ↓        │              │              │
│         │ 2.交易单元信息 │              │              │
│         │     校核      │              │              │
│         │      ↓        │              │              │
│         │ 3.交易附件上传 │              │              │
│         │      ↓        │              │              │
│         │ 4.交易公告发布 │              │              │
│         │      ↓        │  5.交易申报   │  5.交易申报  │
│         │ 6.交易开标    │              │              │
│         │      ↓        │              │              │
│         │ 7.交易计算    │              │              │
│         │      ↓        │              │              │
│         │ 8.无约束交易  │              │              │
│         │   结果发布    │              │              │
│9.安全校核│←─────        │              │              │
│         │ 安全校核是否  │              │              │
│         │    通过?      │              │              │
│         │  是↓  否      │              │              │
│         │ 10.交易结果调整│              │              │
│         │      ↓        │              │              │
│         │ 11.交易结果发布│              │              │
│         │      ↓        │ 12.交易结果查询│12.交易结果查询│
│         │     结束      │              │              │
└─────────┴──────────────┴──────────────┴──────────────┘
```

图 5-4　集中竞价交易流程图

12

3. 挂牌交易流程图

挂牌交易流程如图 5-5 所示。

挂牌交易流程			
调度	电力交易中心	挂牌方市场主体	摘牌方市场主体
11.安全校核	开始 → 1.交易序列管理 → 2.交易单元信息校核 → 3.交易附件上传 → 4.交易公告发布 → 7.挂牌信息查询 → 8.交易开标(统一出清方式) → 9.交易计算 → 10.无约束交易结果发布 → 安全校核是否通过?（是/否）→ 12.交易结果调整 → 13.交易结果发布 → 结束	5.发布购/售电量信息 / 14.交易结果查询	3.选择/认购电量 / 14.交易结果查询

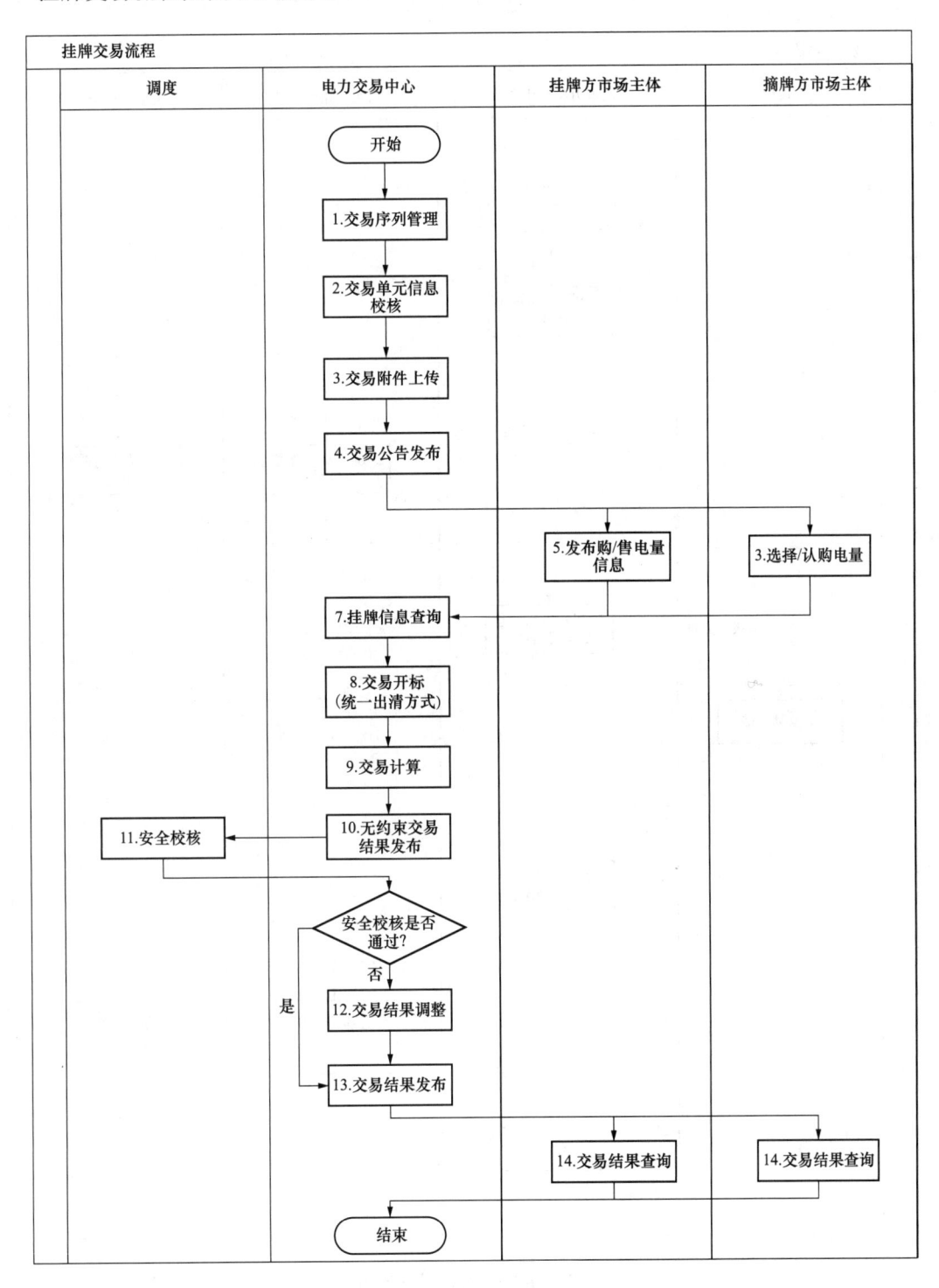

图 5-5　挂牌交易流程图

4. 现货交易流程图

现货交易流程如图 5-6 所示。

现货交易流程			
调度	电力交易中心	售电方市场主体	购电方市场主体

```
                    开始
                     │
                     ▼
            1. 现货交易序列
                  管理
                ┌────┴────┐
                ▼         ▼
         2. 现货交易售方  2. 现货交易购方
              申报           申报
                └────┬────┘
                     ▼
            3. 现货市场信息
               交互（推送）
    ◄── 申报信息推送 ──┤
    ▼
 4. 交易出清
    │
    └── 出清结果返回 ──►
                     ▼
            5. 现货市场信息
               交互（获取）
                ┌────┴────┐
                ▼         ▼
         6. 交易结果查询  6. 交易结果查询
                     │
                     ▼
                    结束
```

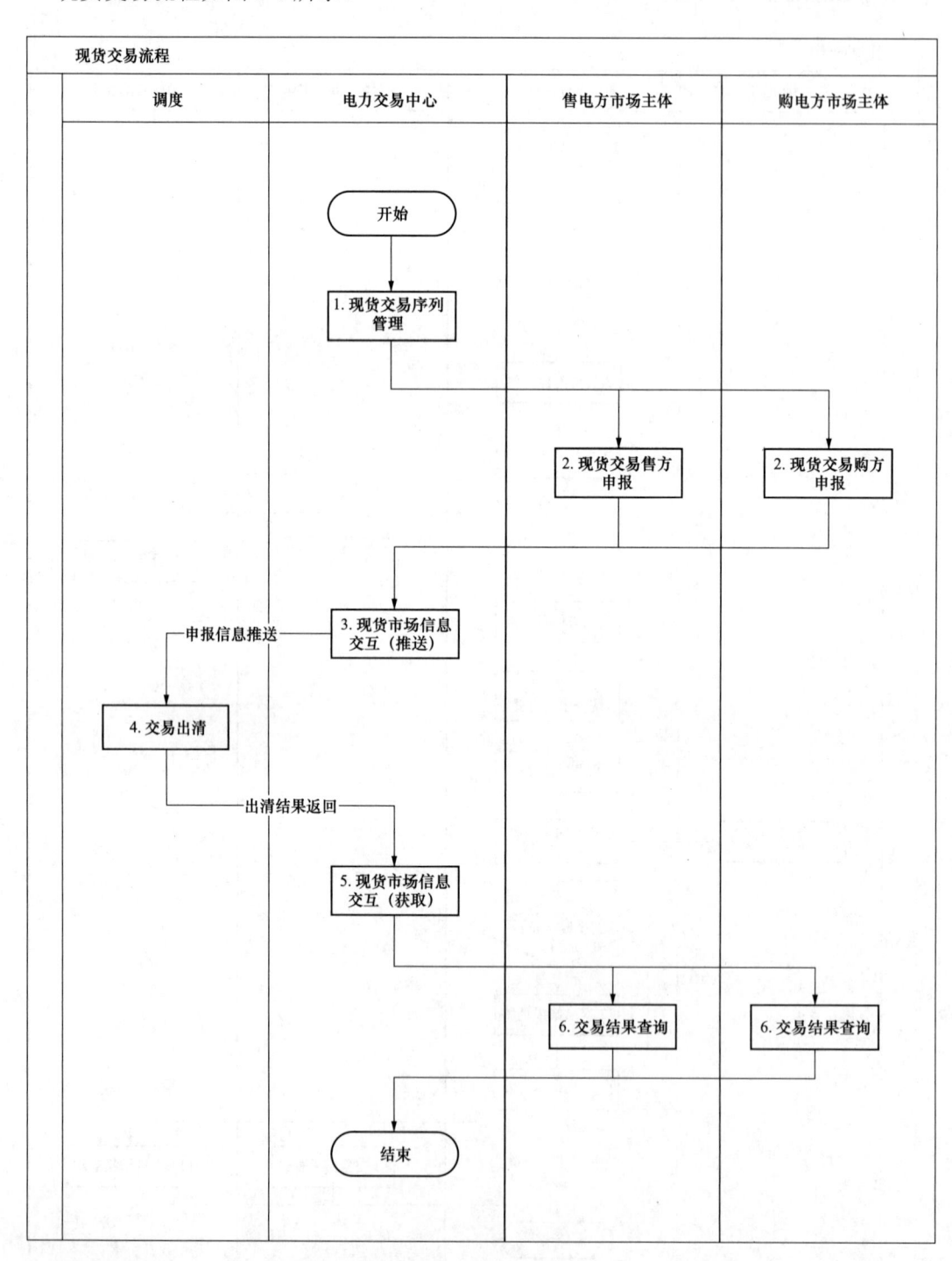

图 5-6 现货交易流程图

5. 零售交易流程图

零售交易流程如图 5-7 所示。

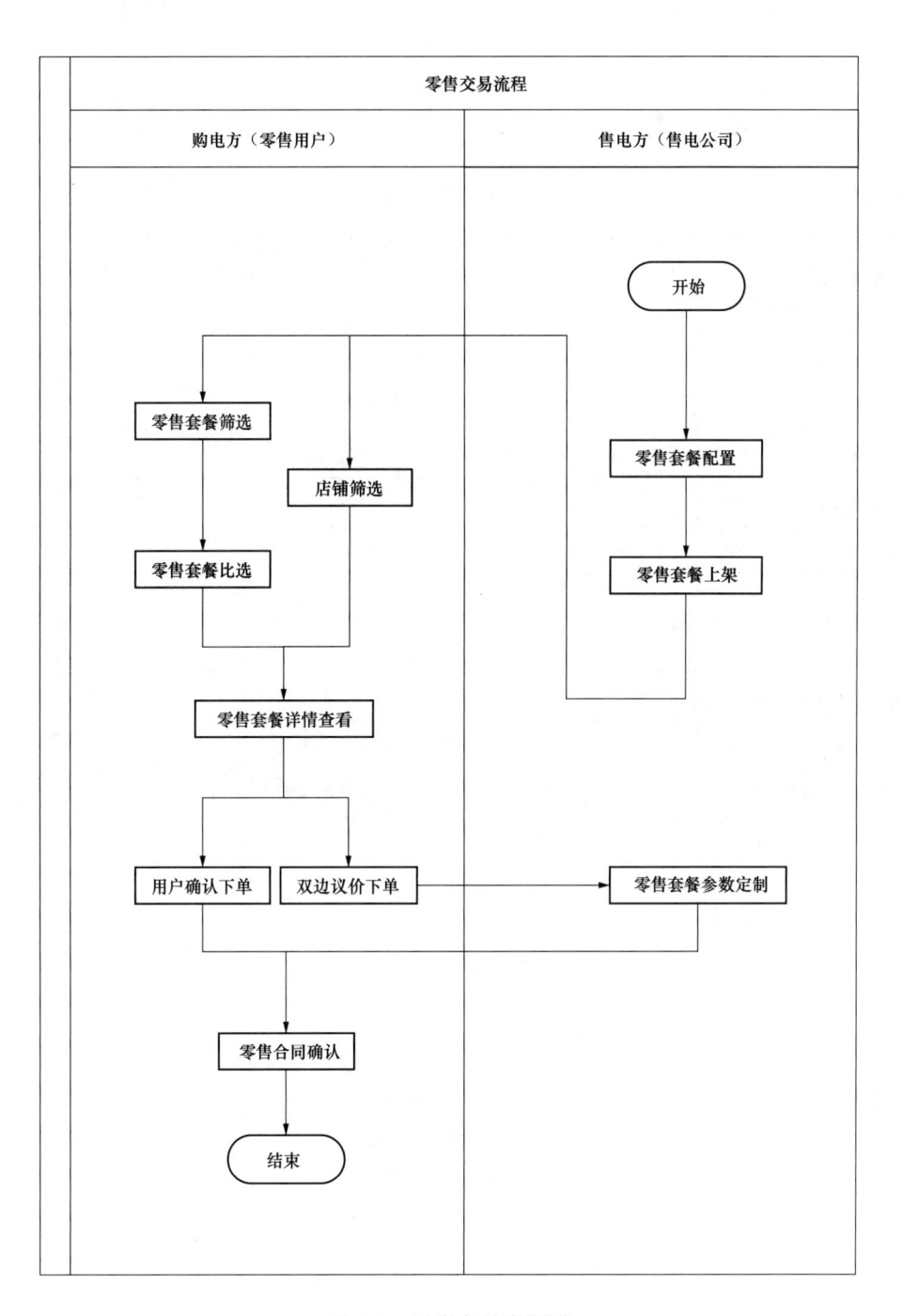

图 5-7 零售交易流程图

5.3.3 业务流程分项说明

本章节详细说明了双边协商交易流程、集中竞价交易流程、挂牌交易流程、现货交易流程、零售交易流程五项业务流程的分项内容。

5.3.3.1 双边协商交易流程活动清单

双边协商交易流程活动清单见表5-3。

表5-3　　　　　　　　　　双边协商交易流程活动清单

活动编号	业务活动名称
BP-BD-SCCQ-0101-0001	交易序列管理
BP-BD-SCCQ-0101-0002	交易单元信息校核
BP-BD-SCCQ-0101-0003	交易附件上传
BP-BD-SCCQ-0101-0004	交易公告发布
BP-BD-SCCQ-0101-0005	申报方申报
BP-BD-SCCQ-0101-0006	确认方确认
BP-BD-SCCQ-0101-0007	申报信息查询
BP-BD-SCCQ-0101-0008	无约束交易结果发布
BP-BD-SCCQ-0101-0009	安全校核
BP-BD-SCCQ-0101-0010	交易结果调整
BP-BD-SCCQ-0101-0011	交易结果发布
BP-BD-SCCQ-0101-0012	交易结果查询

1. 交易序列管理

BP-BD-SCCQ-0101-0001 交易序列管理见表5-4。

表5-4　　　　　　　　BP-BD-SCCQ-0101-0001 交易序列管理

活动编号	BP-BD-SCCQ-0101-0001	活动名称	交易序列管理
使用组织单元	电力交易中心	使用岗位编号	G2003
活动描述	创建交易序列管理，设置交易序列的规则信息		
输入业务信息编号	BI-BD-SCCQ-0125 BI-BD-SCCQ-0126 BI-BD-SCCQ-0127 BI-BD-SCCQ-0129 BI-BD-SCCQ-0130		

续表

输出业务信息编号	BI-BD-SCCQ-0134
业务步骤/业务规则	（1）创建交易序列，设置交易的名称、开始时间、结束时间等交易的基本信息； （2）设置交易序列交易单元标定规则； （3）设置交易序列流程节点，包含各个节点的开始时间、结束时间； （4）设置交易序列的申报规则，确定申报的方式和申报内容
非功能要求	业务正常时，<3秒；业务高峰时，<5秒；平均响应时间不得超过5秒

2．交易单元信息校核

BP-BD-SCCQ-0101-0002 交易单元信息校核见表 5-5。

表 5-5　　　　　　　　BP-BD-SCCQ-0101-0002 交易单元信息校核

活动编号	BP-BD-SCCQ-0101-0002	活动名称	交易单元信息校核
使用组织单元	电力交易中心	使用岗位编号	G2003
活动描述	抽取交易单元基本信息，并对交易单元档案信息的完整性、准确性进行校核		
输入业务信息编号	BI-BD-SCCQ-0134 BI-BD-SCCQ-0128		
输出业务信息编号	BI-BD-SCCQ-0141		
业务步骤/业务规则	（1）选择交易序列； （2）抽取交易单元； （3）校核档案信息是否齐全； （4）对于市场成员与本次交易相关的档案信息不完整的，重新抽取相关的档案信息。如重新抽取信息仍不完整，系统应提示进行人工或后续处理		
非功能要求	业务正常时，<3秒；业务高峰时，<5秒；平均响应时间不得超过5秒		

3．交易附件上传

BP-BD-SCCQ-0101-0003 交易附件上传见表 5-6。

表 5-6　　　　　　　　BP-BD-SCCQ-0101-0003 交易附件上传

活动编号	BP-BD-SCCQ-0101-0003	活动名称	交易附件上传
使用组织单元	电力交易中心	使用岗位编号	G2003
活动描述	上传交易附件，并设置发布范围		

续表

输入业务信息编号	BI-BD-SCCQ-0134
输出业务信息编号	BI-BD-SCCQ-0142
业务步骤/业务规则	（1）选择交易序列； （2）上传交易附件； （3）选择发布对象； （4）交易附件发布
非功能要求	业务正常时，<3秒；业务高峰时，<5秒；平均响应时间不得超过5秒

4. 交易公告发布

BP-BD-SCCQ-0101-0004 交易公告发布见表 5-7。

表 5-7　　　　　　　BP-BD-SCCQ-0101-0004 交易公告发布

活动编号	BP-BD-SCCQ-0101-0004	活动名称	交易公告发布
使用组织单元	电力交易中心	使用岗位编号	G2003
活动描述	对双边协商交易公告信息进行发布		
输入业务信息编号	BI-BD-SCCQ-0134		
输出业务信息编号	BI-BD-SCCQ-0143		
业务步骤/业务规则	（1）选择交易公告； （2）交易公告校核； （3）交易公告发布		
非功能要求	业务正常时，<3秒；业务高峰时，<5秒；平均响应时间不得超过5秒		

5. 申报方申报

BP-BD-SCCQ-0101-0005 申报方申报见表 5-8。

表 5-8　　　　　　　BP-BD-SCCQ-0101-0005 申报方申报

活动编号	BP-BD-SCCQ-0101-0005	活动名称	申报方申报
使用组织单元	市场主体	使用岗位编号	G5001
活动描述	根据申报规则录入交易申报的信息		

续表

输入业务信息编号	BI-BD-SCCQ-0134
输出业务信息编号	BI-BD-SCCQ-0144
业务步骤/业务规则	（1）查看交易公告及规则； （2）录入申报电力或电量、申报电价； （3）编辑申报信息； （4）提交申报信息
非功能要求	申报业务正常时响应时间，<3秒；记录到数据库中的申报时间精确到毫秒级

6. 确认方确认

BP-BD-SCCQ-0101-0006 确认方确认见表5-9。

表5-9   BP-BD-SCCQ-0101-0006 确认方确认

活动编号	BP-BD-SCCQ-0101-0006	活动名称	确认方确认
使用组织单元	市场主体	使用岗位编号	G5001
活动描述	查询申报方录入的申报信息，并对申报信息进行确认		
输入业务信息编号	BI-BD-SCCQ-0134		
输出业务信息编号	BI-BD-SCCQ-0144		
业务步骤/业务规则	（1）查看申报方填写的申报信息； （2）确认申报方填写的申报信息； （3）确认方对申报信息存在异议的，可选择不同意或退回		
非功能要求	业务正常时，<3秒；业务高峰时，<5秒；平均响应时间不得超过5秒		

7. 申报信息查询

BP-BD-SCCQ-0101-0007 申报信息查询见表5-10。

表5-10   BP-BD-SCCQ-0101-0007 申报信息查询

活动编号	BP-BD-SCCQ-0101-0007	活动名称	申报信息查询
使用组织单元	电力交易中心	使用岗位编号	G2003
活动描述	对交易序列申报的状态和申报信息进行查询		

续表

输入业务信息编号	BI-BD-SCCQ-0134
输出业务信息编号	BI-BD-SCCQ-0144
业务步骤/业务规则	（1）选择交易序列； （2）查询交易序列申报信息
非功能要求	业务正常时，<3 秒；业务高峰时，<5 秒；平均响应时间不得超过 5 秒

8．无约束交易结果发布

BP-BD-SCCQ-0101-0008 无约束交易结果发布见表 5-11。

表 5-11　　　　　BP-BD-SCCQ-0101-0008 无约束交易结果发布

活动编号	BP-BD-SCCQ-0101-0008	活动名称	无约束交易结果发布
使用组织单元	电力交易中心	使用岗位编号	G2003
活动描述	对生成的无约束交易结果进行校核，校核通过后发布无约束交易结果			
输入业务信息编号	BI-BD-SCCQ-0134		
输出业务信息编号	BI-BD-SCCQ-0145		
业务步骤/业务规则	（1）选择交易序列； （2）无约束交易结果校核； （3）无约束交易结果发布		
非功能要求	支持多线程，对多个时间段内的交易信息进行同步出清计算，CPU 占用率忙时小于 75%；内存平均占用率，最大并发时小于 75%		

9．安全校核

现货市场未运行时中长期交易结果需调度进行安全校核，现货市场运行期间中长期交易结果无需调度安全校核。

BP-BD-SCCQ-0101-0009 安全校核见表 5-12。

表 5-12　　　　　BP-BD-SCCQ-0101-0009 安全校核

活动编号	BP-BD-SCCQ-0101-0009	活动名称	安全校核
使用组织单元	调度	使用岗位编号	G2007
活动描述	对无约束交易结果进行安全校核			

续表

输入业务信息编号	BI-BD-SCCQ-0134
	BI-BD-SCCQ-0145
输出业务信息编号	BI-BD-SCCQ-0147
业务步骤/业务规则	调度进行安全校核
非功能要求	无

10. 交易结果调整

BP-BD-SCCQ-0101-0010 交易结果调整见表5-13。

表 5-13　　　　　　　　BP-BD-SCCQ-0101-0010 交易结果调整

活动编号	BP-BD-SCCQ-0101-0010	活动名称	交易结果调整
使用组织单元	电力交易中心	使用岗位编号	G2003
活动描述	根据安全校核的约束条件或电力电量平衡情况，根据交易规则对交易结果进行相应的调整，调整方式支持单条结果调整或者批量调整		
输入业务信息编号	BI-BD-SCCQ-0134		
	BI-BD-SCCQ-0145		
	BI-BD-SCCQ-0147		
输出业务信息编号	BI-BD-SCCQ-0148		
业务步骤/业务规则	（1）选择交易序列； （2）调整交易结果； （3）生成有约束交易结果		
非功能要求	业务正常时，<3秒；业务高峰时，<5秒；平均响应时间不得超过5秒		

11. 交易结果发布

BP-BD-SCCQ-0101-0011 交易结果发布见表5-14。

表 5-14　　　　　　　　BP-BD-SCCQ-0101-0011 交易结果发布

活动编号	BP-BD-SCCQ-0101-0011	活动名称	交易结果发布
使用组织单元	电力交易中心	使用岗位编号	G2003
活动描述	对有约束交易结果进行发布		

续表

输入业务信息编号	BI-BD-SCCQ-0134
	BI-BD-SCCQ-0148
输出业务信息编号	BI-BD-SCCQ-0146
业务步骤/业务规则	（1）查看交易结果信息；
	（2）交易结果校核；
	（3）交易结果发布
非功能要求	业务正常时，<3秒；业务高峰时，<5秒；平均响应时间不得超过5秒

12. 交易结果查询

BP-BD-SCCQ-0101-0012 交易结果查询见表 5-15。

表 5-15　　　　　　　　BP-BD-SCCQ-0101-0012 交易结果查询

活动编号	BP-BD-SCCQ-0101-0012	活动名称	交易结果查询
使用组织单元	市场主体	使用岗位编号	G5001
活动描述	市场成员可以在交易结束后，查询各自交易结果		
输入业务信息编号	BI-BD-SCCQ-0134		
	BI-BD-SCCQ-0149		
	BI-BD-SCCQ-0150		
输出业务信息编号	无		
业务步骤/业务规则	（1）选择交易序列；		
	（2）查询交易结果		
非功能要求	业务正常时，<3秒；业务高峰时，<5秒；平均响应时间不得超过5秒		

5.3.3.2　集中竞价交易流程活动清单

集中竞价交易流程活动清单见表 5-16。

表 5-16　　　　　　　　集中竞价交易流程活动清单

活动编号	业务活动名称
BP-BD-SCCQ-0102-0001	交易序列管理
BP-BD-SCCQ-0102-0002	交易单元信息校核

续表

活动编号	业务活动名称
BP-BD-SCCQ-0102-0003	交易附件上传
BP-BD-SCCQ-0102-0004	交易公告发布
BP-BD-SCCQ-0102-0005	交易申报
BP-BD-SCCQ-0102-0006	交易开标
BP-BD-SCCQ-0102-0007	交易计算
BP-BD-SCCQ-0102-0008	无约束交易结果发布
BP-BD-SCCQ-0102-0009	安全校核
BP-BD-SCCQ-0102-0010	交易结果调整
BP-BD-SCCQ-0102-0011	交易结果发布
BP-BD-SCCQ-0102-0012	交易结果查询

1．交易序列管理

BP-BD-SCCQ-0102-0001 交易序列管理见表 5-17。

表 5-17　　　　　　BP-BD-SCCQ-0102-0001 交易序列管理

活动编号	BP-BD-SCCQ-0102-0001	活动名称	交易序列管理
使用组织单元	电力交易中心	使用岗位编号	G2003
活动描述	创建交易序列管理，设置交易序列的规则信息		
输入业务信息编号	BI-BD-SCCQ-0125 BI-BD-SCCQ-0126 BI-BD-SCCQ-0127 BI-BD-SCCQ-0129 BI-BD-SCCQ-0130		
输出业务信息编号	BI-BD-SCCQ-0134		
业务步骤/业务规则	（1）创建交易序列，设置交易的名称、开始时间、结束时间等交易的基本信息； （2）设置交易序列交易单元标定规则； （3）设置交易序列流程节点，包含各个节点的开始时间、结束时间； （4）设置交易序列的申报规则，确定申报的方式和申报内容		
非功能要求	业务正常时，<3 秒；业务高峰时，<5 秒；平均响应时间不得超过 5 秒		

2. 交易单元信息校核

BP-BD-SCCQ-0102-0002 交易单元信息校核见表 5-18。

表 5-18　　　　BP-BD-SCCQ-0102-0002 交易单元信息校核

活动编号	BP-BD-SCCQ-0102-0002	活动名称	交易单元信息校核
使用组织单元	电力交易中心	使用岗位编号	G2003
活动描述	抽取交易单元基本信息，并对交易单元档案信息的完整性、准确性进行校核		
输入业务信息编号	BI-BD-SCCQ-0134 BI-BD-SCCQ-0128		
输出业务信息编号	BI-BD-SCCQ-0141		
业务步骤/业务规则	（1）选择交易序列； （2）抽取交易单元； （3）校核档案信息是否齐全； （4）对于市场成员与本次交易相关的档案信息不完整的，重新抽取相关的档案信息。如重新抽取信息仍不完整，系统应提示进行人工或后续处理		
非功能要求	业务正常时，<3秒；业务高峰时，<5秒；平均响应时间不得超过5秒		

3. 交易附件上传

BP-BD-SCCQ-0102-0003 交易附件上传见表 5-19。

表 5-19　　　　BP-BD-SCCQ-0102-0003 交易附件上传

活动编号	BP-BD-SCCQ-0102-0003	活动名称	交易附件上传
使用组织单元	电力交易中心	使用岗位编号	G2003
活动描述	上传交易附件，并设置发布范围		
输入业务信息编号	BI-BD-SCCQ-0134		
输出业务信息编号	BI-BD-SCCQ-0142		
业务步骤/业务规则	（1）选择交易序列； （2）上传交易附件； （3）选择发布对象； （4）交易附件发布		
非功能要求	业务正常时，<3秒；业务高峰时，<5秒；平均响应时间不得超过5秒		

4．交易公告发布

BP-BD-SCCQ-0102-0004 交易公告发布见表 5-20。

表 5-20　　　　　　　　BP-BD-SCCQ-0102-0004 交易公告发布

活动编号	BP-BD-SCCQ-0102-0004	活动名称	交易公告发布
使用组织单元	电力交易中心	使用岗位编号	G2003
活动描述	对集中竞价交易公告进行发布		
输入业务信息编号	BI-BD-SCCQ-0134 BI-BD-SCCQ-0143		
业务步骤/业务规则	（1）选择交易公告； （2）交易公告校核； （3）交易公告发布		
非功能要求	业务正常时，＜3 秒；业务高峰时，＜5 秒；平均响应时间不得超过 5 秒		

5．交易申报

BP-BD-SCCQ-0102-0005 交易申报见表 5-21。

表 5-21　　　　　　　　BP-BD-SCCQ-0102-0005 交易申报

活动编号	BP-BD-SCCQ-0102-0005	活动名称	交易申报
使用组织单元	市场主体	使用岗位编号	G5001
活动描述	购售双方可以按集中竞价交易的规则进行申报操作		
输入业务信息编号	BI-BD-SCCQ-0134		
输出业务信息编号	BI-BD-SCCQ-0144		
业务步骤/业务规则	（1）填写申报信息； （2）提交申报信息； （3）查看申报信息		
非功能要求	申报业务正常时响应时间，＜3 秒；记录到数据库中的申报时间精确到毫秒级		

6．交易开标

BP-BD-SCCQ-0102-0006 交易开标见表 5-22。

表 5-22　　　　　　　　　BP-BD-SCCQ-0102-0006 交易开标

活动编号	BP-BD-SCCQ-0102-0006	活动名称	交易开标
使用组织单元	电力交易中心	使用岗位编号	G2003
活动描述	申报结束且处于开标时间内时，通过加密机完成申报数据的解密			
输入业务信息编号	BI-BD-SCCQ-0134		
输出业务信息编号	BI-BD-SCCQ-0134		
业务步骤/业务规则	（1）查询交易序列信息； （2）判断开标时间； （3）申报数据解密		
非功能要求	业务正常时，<3 秒；业务高峰时，<5 秒；平均响应时间不得超过 5 秒		

7. 交易计算

BP-BD-SCCQ-0102-0007 交易计算见表 5-23。

表 5-23　　　　　　　　　BP-BD-SCCQ-0102-0007 交易计算

活动编号	BP-BD-SCCQ-0102-0007	活动名称	交易计算
使用组织单元	电力交易中心	使用岗位编号	G2003
活动描述	（1）依据相应的交易规则进行交易计算； （2）根据交易序列设置的出清规则，完成集中竞价交易计算出清			
输入业务信息编号	BI-BD-SCCQ-0134		
输出业务信息编号	BI-BD-SCCQ-0145		
业务步骤/业务规则	（1）选取相应的出清算法和网络模型，进行交易计算； （2）根据交易序列设置的出清规则，完成集中竞价交易的计算出清，在此环节系统提供可配置的算法规则，支撑不同的出清规则要求		
非功能要求	支持多线程，对多个时间段内的交易信息进行同步出清计算，CPU 占用率忙时小于 75%；内存平均占用率，最大并发时小于 75%		

8. 无约束交易结果发布

BP-BD-SCCQ-0102-0008 无约束交易结果发布见表 5-24。

表 5-24　　　　　BP-BD-SCCQ-0102-0008 无约束交易结果发布

活动编号	BP-BD-SCCQ-0102-0008	活动名称	无约束交易结果发布
使用组织单元	电力交易中心	使用岗位编号	G2003
活动描述	对生成的无约束交易结果进行校核，校核通过后发布无约束交易结果			
输入业务信息编号	BI-BD-SCCQ-0134			
输出业务信息编号	BI-BD-SCCQ-0145			
业务步骤/业务规则	（1）选择交易序列； （2）无约束交易结果校核； （3）无约束交易结果发布			
非功能要求	支持多线程，对多个时间段内的交易信息进行同步出清计算，CPU 占用率忙时小于 75%；内存平均占用率，最大并发时小于 75%			

9．安全校核

现货市场未运行时中长期交易结果需调度进行安全校核，现货市场运行期间中长期交易结果无需调度安全校核。

BP-BD-SCCQ-0102-0009 安全校核见表 5-25。

表 5-25　　　　　BP-BD-SCCQ-0102-0009 安全校核

活动编号	BP-BD-SCCQ-0102-0009	活动名称	安全校核
使用组织单元	调度	使用岗位编号	G2007
活动描述	调度负责对无约束交易结果进行安全校核			
输入业务信息编号	BI-BD-SCCQ-0134 BI-BD-SCCQ-0145			
输出业务信息编号	BI-BD-SCCQ-0147			
业务步骤/业务规则	调度进行安全校核			
非功能要求	无			

10．交易结果调整

BP-BD-SCCQ-0102-0010 交易结果调整见表 5-26。

表 5-26　　　　　　　　BP-BD-SCCQ-0102-0010 交易结果调整

活动编号	BP-BD-SCCQ-0102-0010	活动名称	交易结果调整
使用组织单元	电力交易中心	使用岗位编号	G2003
活动描述	根据安全校核的约束条件或电力电量平衡情况，根据交易规则对交易结果进行相应的调整。调整方式支持单条结果调整或批量调整			
输入业务信息编号	BI-BD-SCCQ-0134 BI-BD-SCCQ-0145 BI-BD-SCCQ-0147			
输出业务信息编号	BI-BD-SCCQ-0148			
业务步骤/业务规则	（1）选择交易序列； （2）调整交易结果； （3）生成有约束交易结果			
非功能要求	业务正常时，<3 秒；业务高峰时，<5 秒；平均响应时间不得超过 5 秒			

11．交易结果发布

BP-BD-SCCQ-0102-0011 交易结果发布见表 5-27。

表 5-27　　　　　　　　BP-BD-SCCQ-0102-0011 交易结果发布

活动编号	BP-BD-SCCQ-0102-0011	活动名称	交易结果发布
使用组织单元	电力交易中心	使用岗位编号	G2003
活动描述	对有约束交易结果进行发布			
输入业务信息编号	BI-BD-SCCQ-0134 BI-BD-SCCQ-0148			
输出业务信息编号	BI-BD-SCCQ-0146			
业务步骤/业务规则	（1）查看交易结果信息； （2）交易结果校核； （3）交易结果发布			
非功能要求	业务正常时，<3 秒；业务高峰时，<5 秒；平均响应时间不得超过 5 秒			

12．交易结果查询

BP-BD-SCCQ-0102-0012 交易结果查询见表 5-28。

表 5-28　　　　　　　　BP-BD-SCCQ-0102-0012 交易结果查询

活动编号	BP-BD-SCCQ-0102-0012	活动名称	交易结果查询
使用组织单元	市场主体	使用岗位编号	G5001
活动描述	市场成员可以在交易结束后，查询各自交易成交结果			
输入业务信息编号	BI-BD-SCCQ-0134 BI-BD-SCCQ-0149 BI-BD-SCCQ-0150 无			
业务步骤/业务规则	（1）选择交易序列； （2）查询交易结果			
非功能要求	业务正常时，<3 秒；业务高峰时，<5 秒；平均响应时间不得超过 5 秒			

5.3.3.3 挂牌交易流程活动清单

挂牌交易流程活动清单见表 5-29。

表 5-29　　　　　　　　　挂牌交易流程活动清单

活动编号	业务活动名称
BP-BD-SCCQ-0103-0001	交易序列管理
BP-BD-SCCQ-0103-0002	交易单元信息校核
BP-BD-SCCQ-0103-0003	交易附件上传
BP-BD-SCCQ-0103-0004	交易公告发布
BP-BD-SCCQ-0103-0005	发布购售电量信息
BP-BD-SCCQ-0103-0006	选择/认购电量
BP-BD-SCCQ-0103-0007	挂牌信息查询
BP-BD-SCCQ-0103-0008	交易开标（统一出清方式）
BP-BD-SCCQ-0103-0009	交易计算
BP-BD-SCCQ-0103-0010	无约束交易结果发布
BP-BD-SCCQ-0103-0011	安全校核
BP-BD-SCCQ-0103-0012	交易结果调整
BP-BD-SCCQ-0103-0013	交易结果发布
BP-BD-SCCQ-0103-0014	交易结果查询

1. 交易序列管理

BP-BD-SCCQ-0103-0001 交易序列管理见表 5-30。

表 5-30　　　　　　　BP-BD-SCCQ-0103-0001 交易序列管理

活动编号	BP-BD-SCCQ-0103-0001	活动名称	交易序列管理
使用组织单元	电力交易中心	使用岗位编号	G2003
活动描述	创建交易序列管理，设置交易序列的规则信息		
输入业务信息编号	BI-BD-SCCQ-0125 BI-BD-SCCQ-0126 BI-BD-SCCQ-0127 BI-BD-SCCQ-0129 BI-BD-SCCQ-0130		
输出业务信息编号	BI-BD-SCCQ-0134		
业务步骤/业务规则	(1) 创建交易序列，设置交易的名称、开始时间、结束时间等交易的基本信息； (2) 设置交易序列交易单元标定规则； (3) 设置交易序列流程节点，包含各个节点的开始时间、结束时间； (4) 设置交易序列的申报规则，确定申报的方式和申报内容		
非功能要求	业务正常时，<3 秒；业务高峰时，<5 秒；平均响应时间不得超过 5 秒		

2. 交易单元信息校核

BP-BD-SCCQ-0103-0002 交易单元信息校核见表 5-31。

表 5-31　　　　　　　BP-BD-SCCQ-0103-0002 交易单元信息校核

活动编号	BP-BD-SCCQ-0103-0002	活动名称	交易单元信息校核
使用组织单元	电力交易中心	使用岗位编号	G2003
活动描述	抽取交易单元基本信息，并对交易单元档案信息的完整性、准确性进行校核		
输入业务信息编号	BI-BD-SCCQ-0134 BI-BD-SCCQ-0128		
输出业务信息编号	BI-BD-SCCQ-0141		
业务步骤/业务规则	(1) 选择交易序列； (2) 抽取交易单元； (3) 校核档案信息是否齐全； (4) 对于市场成员与本次交易相关的档案信息不完整的，重新抽取相关的档案信息。如重新抽取信息仍不完整，系统应提示进行人工或后续处理		
非功能要求	业务正常时，<3 秒；业务高峰时，<5 秒；平均响应时间不得超过 5 秒		

3．交易附件上传

BP-BD-SCCQ-0103-0003 交易附件上传见表 5-32。

表 5-32　　　　　　　　BP-BD-SCCQ-0103-0003 交易附件发布

活动编号	BP-BD-SCCQ-0103-0003	活动名称	交易附件上传
使用组织单元	电力交易中心	使用岗位编号	G2003
活动描述	上传交易附件，并设置发布范围			
输入业务信息编号	BI-BD-SCCQ-0134		
输出业务信息编号	BI-BD-SCCQ-0142		
业务步骤/业务规则	（1）选择交易序列； （2）上传交易附件； （3）选择发布对象； （4）交易附件发布		
非功能要求	业务正常时，<3 秒；业务高峰时，<5 秒；平均响应时间不得超过 5 秒		

4．交易公告发布

BP-BD-SCCQ-0103-0004 交易公告发布见表 5-33。

表 5-33　　　　　　　　BP-BD-SCCQ-0103-0004 交易公告发布

活动编号	BP-BD-SCCQ-0103-0004	活动名称	交易公告发布
使用组织单元	电力交易中心	使用岗位编号	G2003
活动描述	对挂牌交易公告进行发布			
输入业务信息编号	BI-BD-SCCQ-0134		
输出业务信息编号	BI-BD-SCCQ-0143		
业务步骤/业务规则	（1）选择交易公告； （2）交易公告校核； （3）交易公告发布		
非功能要求	业务正常时，<3 秒；业务高峰时，<5 秒；平均响应时间不得超过 5 秒		

5．发布购/售电量信息

BP-BD-SCCQ-0103-0005 发布购/售电量信息见表 5-34。

表 5-34　　　　　　　BP-BD-SCCQ-0103-0005 发布购/售电量信息

活动编号	BP-BD-SCCQ-0103-0005	活动名称	发布购/售电量信息
使用组织单元	市场主体	使用岗位编号	G5001
活动描述	挂牌方在填写好相关的挂牌电能信息、电价信息后，进行提交发布		
输入业务信息编号	BI-BD-SCCQ-0134		
输出业务信息编号	BI-BD-SCCQ-0144		
业务步骤/业务规则	（1）查看交易序列； （2）购/售电量信息进行挂牌； （3）发布购/售电量挂牌信息		
非功能要求	业务正常时，<3 秒；业务高峰时，<5 秒；平均响应时间不得超过 5 秒		

6. 选择/认购电量

BP-BD-SCCQ-0103-0006 选择/认购电量见表 5-35。

表 5-35　　　　　　　BP-BD-SCCQ-0103-0006 选择/认购电量

活动编号	BP-BD-SCCQ-0103-0006	活动名称	选择/认购电量
使用组织单元	市场主体	使用岗位编号	G5001
活动描述	摘牌方选择、认购电量		
输入业务信息编号	BI-BD-SCCQ-0134		
输出业务信息编号	BI-BD-SCCQ-0144		
业务步骤/业务规则	（1）选择交易序列； （2）查询挂牌信息； （3）选择/输入摘牌信息		
非功能要求	业务正常时，<3 秒；业务高峰时，<5 秒；平均响应时间不得超过 5 秒		

7. 挂牌信息查询

BP-BD-SCCQ-0103-0007 挂牌信息查询见表 5-36。

表 5-36　　　　　　　BP-BD-SCCQ-0103-0007 挂牌信息查询

活动编号	BP-BD-SCCQ-0103-0007	活动名称	挂牌信息查询
使用组织单元	电力交易中心	使用岗位编号	G2003

续表

活动描述	可以对交易的摘牌情况、剩余电量信息进行查询
输入业务信息编号	BI-BD-SCCQ-0134
输出业务信息编号	BI-BD-SCCQ-0144
业务步骤/业务规则	（1）选择交易序列； （2）查看挂牌信息
非功能要求	业务正常时，<3秒；业务高峰时，<5秒；平均响应时间不得超过5秒

8．交易开标（统一出清方式）

挂牌交易的出清方式包括统一出清和实时出清两种。交易开标步骤适用于采用统一出清方式的交易，采用实时出清方式的交易无需设置单独的交易开标步骤，购方和售方申报后由系统实时计算交易结果。

BP-BD-SCCQ-0103-0008 交易开标见表 5-37。

表 5-37　　　　　　　　　BP-BD-SCCQ-0103-0008 交易开标

活动编号	BP-BD-SCCQ-0103-0008	活动名称	交易开标
使用组织单元	电力交易中心	使用岗位编号	G2003
活动描述	申报结束且处于开标时间内时，通过加密机完成申报数据的解密			
输入业务信息编号	BI-BD-SCCQ-0134			
输出业务信息编号	BI-BD-SCCQ-0134			
业务步骤/业务规则	（1）查询交易序列信息； （2）判断开标时间； （3）申报数据解密			
非功能要求	业务正常时，<3秒；业务高峰时，<5秒；平均响应时间不得超过5秒			

9．交易计算

BP-BD-SCCQ-0103-0009 交易计算见表 5-38。

表 5-38　　　　　　　　　BP-BD-SCCQ-0103-0009 交易计算

活动编号	BP-BD-SCCQ-0103-0009	活动名称	交易计算
使用组织单元	电力交易中心	使用岗位编号	G2003

续表

活动描述	（1）依据相应的交易规则，进行交易计算； （2）根据交易序列设置的出清规则，完成交易计算出清
输入业务信息编号	BI-BD-SCCQ-0134
输出业务信息编号	BI-BD-SCCQ-0145
业务步骤/业务规则	（1）选取相应的出清算法和网络模型，进行交易计算； （2）根据交易序列设置的出清规则，完成交易计算出清，在此环节系统提供可配置的算法规则，支撑不同的出清规则要求
非功能要求	支持多线程，对多个时间段内的交易信息进行同步出清计算，CPU 占用率忙时小于 75%；内存平均占用率，最大并发时小于 75%

10. 无约束交易结果发布

BP-BD-SCCQ-0101-0010 无约束交易结果发布见表 5-39。

表 5-39　　　　　　　**BP-BD-SCCQ-0101-0010 无约束交易结果发布**

活动编号	BP-BD-SCCQ-0101-0010	活动名称	无约束交易结果发布
使用组织单元	电力交易中心	使用岗位编号	G2003
活动描述	对生成的无约束交易结果进行校核，校核通过后发布无约束交易结果			
输入业务信息编号	BI-BD-SCCQ-0134		
输出业务信息编号	BI-BD-SCCQ-0145		
业务步骤/业务规则	（1）选择交易序列； （2）无约束交易结果校核； （3）无约束交易结果发布		
非功能要求	支持多线程，对多个时间段内的交易信息进行同步出清计算，CPU 占用率忙时小于 75%；内存平均占用率，最大并发时小于 75%		

11. 安全校核

现货市场未运行时中长期交易结果需调度进行安全校核，现货市场运行期间中长期交易结果无需调度安全校核。

BP-BD-SCCQ-0103-0011 安全校核见表 5-40。

表 5-40　　　　　　　　　　　BP-BD-SCCQ-0103-0011 安全校核

活动编号	BP-BD-SCCQ-0103-0011	活动名称	安全校核
使用组织单元	调度	使用岗位编号	G2007
活动描述	调度负责对无约束交易结果进行安全校核		
输入业务信息编号	BI-BD-SCCQ-0134 BI-BD-SCCQ-0145		
输出业务信息编号	BI-BD-SCCQ-0147		
业务步骤/业务规则	调度进行安全校核		
非功能要求	无		

12．交易结果调整

BP-BD-SCCQ-0103-0012 交易结果调整见表 5-41。

表 5-41　　　　　　　　　　BP-BD-SCCQ-0103-0012 交易结果调整

活动编号	BP-BD-SCCQ-0103-0012	活动名称	交易结果调整
使用组织单元	电力交易中心	使用岗位编号	G2003
活动描述	根据安全校核的约束条件或电力电量平衡情况，根据交易规则对交易结果进行相应的调整，调整方式支持单条结果调整或批量调整		
输入业务信息编号	BI-BD-SCCQ-0134 BI-BD-SCCQ-0145 BI-BD-SCCQ-0147		
输出业务信息编号	BI-BD-SCCQ-0148		
业务步骤/业务规则	（1）选择交易序列； （2）调整交易结果； （3）生成有约束交易结果		
非功能要求	业务正常时，＜3 秒；业务高峰时，＜5 秒；平均响应时间不得超过 5 秒		

13．交易结果发布

BP-BD-SCCQ-0103-0013 交易结果发布见表 5-42。

表 5-42　　　　　　　　　　BP-BD-SCCQ-0103-0013 交易结果发布

活动编号	BP-BD-SCCQ-0103-0013	活动名称	交易结果发布
使用组织单元	电力交易中心	使用岗位编号	G2003

续表

活动描述	对有约束交易结果进行发布
输入业务信息编号	BI-BD-SCCQ-0134 BI-BD-SCCQ-0148
输出业务信息编号	BI-BD-SCCQ-0146
业务步骤/业务规则	（1）查看交易结果信息； （2）交易结果校核； （3）交易结果发布
非功能要求	业务正常时，<3秒；业务高峰时，<5秒；平均响应时间不得超过5秒

14. 交易结果查询

BP-BD-SCCQ-0103-0014 交易结果查询见表 5-43。

表 5-43　　　　BP-BD-SCCQ-0103-0014 交易结果查询

活动编号	BP-BD-SCCQ-0103-0014	活动名称	交易结果查询
使用组织单元	市场主体	使用岗位编号	G5001
活动描述	市场成员可以在交易结束后，各自查询交易成交结果		
输入业务信息编号	BI-BD-SCCQ-0134 BI-BD-SCCQ-0149 BI-BD-SCCQ-0150		
输出业务信息编号	无		
业务步骤/业务规则	（1）选择交易序列； （2）查询交易结果		
非功能要求	业务正常时，<3秒；业务高峰时，<5秒；平均响应时间不得超过5秒		

5.3.3.4　现货交易流程活动清单

现货交易流程活动清单见表 5-44。

表 5-44　　　　现货交易流程活动清单

活动编号	业务活动名称
BP-BD-SCCQ-0104-0001	现货交易序列管理
BP-BD-SCCQ-0104-0002	现货交易售方申报

续表

活动编号	业务活动名称
BP-BD-SCCQ-0104-0003	现货交易购方申报
BP-BD-SCCQ-0104-0004	现货市场信息交互（推送）
BP-BD-SCCQ-0104-0005	交易出清
BP-BD-SCCQ-0104-0006	现货市场信息交互（获取）
BP-BD-SCCQ-0104-0007	交易结果查询

1. 现货交易序列管理

BP-BD-SCCQ-0104-0001 现货交易序列管理见表 5-45。

表 5-45　　　　BP-BD-SCCQ-0104-0001 现货交易序列管理

活动编号	BP-BD-SCCQ-0104-0001	活动名称	现货交易序列管理
使用组织单元	电力交易中心	使用岗位编号	G2003
活动描述	创建现货服务交易序列管理，发布现货交易公告		
输入业务信息编号	BI-BD-SCCQ-0119		
输出业务信息编号	BI-BD-SCCQ-0119		
业务步骤/业务规则	（1）创建现货交易序列，设置交易的名称、开始时间、结束时间等交易的基本信息； （2）发布现货服务交易公告		
非功能要求	业务正常时，<3 秒；业务高峰时，<5 秒；平均响应时间不得超过 5 秒		

2. 现货交易售方申报

BP-BD-SCCQ-0104-0002 现货交易售方申报见表 5-46。

表 5-46　　　　BP-BD-SCCQ-0104-0002 现货交易售方申报

活动编号	BP-BD-SCCQ-0104-0002	活动名称	现货交易售方申报
使用组织单元	市场主体	使用岗位编号	G5001
活动描述	发电企业申报各出力段电力和电价		
输入业务信息编号	BI-BD-SCCQ-0119 BI-BD-SCCQ-0120		
输出业务信息编号	BI-BD-SCCQ-0120		
业务步骤/业务规则	（1）选择现货交易序列； （2）申报发电机组的各出力段电能量报价表		
非功能要求	申报业务正常时响应时间，<3 秒		

3. 现货交易购方申报

BP-BD-SCCQ-0104-0003 现货交易购方申报见表 5-47。

表 5-47　　BP-BD-SCCQ-0104-0003 现货交易购方申报

活动编号	BP-BD-SCCQ-0104-0003	活动名称	现货交易购方申报
使用组织单元	市场主体	使用岗位编号	G5001
活动描述	电力用户或售电公司申报各时段的用电需求曲线		
输入业务信息编号	BI-BD-SCCQ-0119 BI-BD-SCCQ-0120		
输出业务信息编号	BI-BD-SCCQ-0120		
业务步骤/业务规则	（1）选择现货交易序列； （2）申报用电需求曲线		
非功能要求	申报业务正常时响应时间，<3 秒		

4. 现货市场信息交互（推送）

BP-BD-SCCQ-0104-0004 现货市场信息交互（推送）见表 5-48。

表 5-48　　BP-BD-SCCQ-0104-0004 现货市场信息交互（推送）

活动编号	BP-BD-SCCQ-0104-0004	活动名称	现货市场信息交互（推送）
使用组织单元	电力交易中心	使用岗位编号	G2003
活动描述	将市场主体申报的数据发送到电力现货技术支持系统，可支持申报截止时间后自动推送		
输入业务信息编号	BI-BD-SCCQ-0119 BI-BD-SCCQ-0120		
输出业务信息编号	BI-BD-SCCQ-0121		
业务步骤/业务规则	（1）可设定自动推送时间； （2）可按交易序列查询推送日志		
非功能要求	推送申报数据到调度系统时，要求与调度系统的网络通道畅通，网络传输时间≤5 秒		

5. 交易出清

BP-BD-SCCQ-0104-0005 交易出清见表 5-49。

表 5-49　　BP-BD-SCCQ-0104-0005 交易出清

活动编号	BP-BD-SCCQ-0104-0005	活动名称	交易出清
使用组织单元	调度	使用岗位编号	G2003

续表

活动描述	调度进行交易出清
输入业务信息编号	BI-BD-SCCQ-0119 BI-BD-SCCQ-0120
输出业务信息编号	BI-BD-SCCQ-0121
业务步骤/业务规则	现货交易出清计算时需满足电网安全稳定运行、机组安全运行以及电力电量平衡约束条件
非功能要求	无

6. 现货市场信息交互（获取）

BP-BD-SCCQ-0104-0006 现货市场信息交互（获取）见表 5-50。

表 5-50　　　　BP-BD-SCCQ-0104-0006 现货市场信息交互（获取）

活动编号	BP-BD-SCCQ-0104-0006	活动名称	现货市场信息交互（获取）
使用组织单元	电力交易中心	使用岗位编号	G2003
活动描述	在现货技术支持系统中获取已经出清且校核完成后的现货交易结果		
输入业务信息编号	BI-BD-SCCQ-0119		
输出业务信息编号	BI-BD-SCCQ-0121		
业务步骤/业务规则	（1）选择现货/辅助服务交易序列； （2）获取出清结果； （3）查询现货交易结果信息		
非功能要求	业务正常时，<3 秒；业务高峰时，<5 秒；平均响应时间不得超过 5 秒		

7. 交易结果查询

BP-BD-SCCQ-0104-0007 交易结果查询见表 5-51。

表 5-51　　　　BP-BD-SCCQ-0104-0007 交易结果查询

活动编号	BP-BD-SCCQ-0104-0007	活动名称	交易结果查询
使用组织单元	市场主体	使用岗位编号	G5001
活动描述	市场成员可以在交易结束后，各自查询交易成交结果		
输入业务信息编号	BI-BD-SCCQ-0119 BI-BD-SCCQ-0121		

续表

输出业务信息编号	无
业务步骤/业务规则	（1）选择交易序列； （2）查询交易结果
非功能要求	业务正常时，<3 秒；业务高峰时，<5 秒；平均响应时间不得超过 5 秒

5.3.3.5 零售交易活动清单

零售交易流程活动清单见表 5-52。

表 5-52　　　　　　　　　　零售交易流程活动清单

活动编号	业务活动名称
BP-BD-SCCQ-0105-0001	零售套餐配置
BP-BD-SCCQ-0105-0002	零售套餐上架
BP-BD-SCCQ-0105-0003	店铺筛选
BP-BD-SCCQ-0105-0004	零售套餐筛选
BP-BD-SCCQ-0105-0005	零售套餐比选
BP-BD-SCCQ-0105-0006	零售套餐详情查看
BP-BD-SCCQ-0105-0007	用户确认下单
BP-BD-SCCQ-0105-0008	双边议价下单
BP-BD-SCCQ-0105-0009	零售套餐参数定制
BP-BD-SCCQ-0105-0010	零售合同确认

1．零售套餐配置

BP-BD-SCCQ-0105-0001 零售套餐配置见表 5-53。

表 5-53　　　　　　BP-BD-SCCQ-0105-0001 零售套餐配置

活动编号	BP-BD-SCCQ-0105-0001	活动名称	零售套餐配置
使用组织单元	市场主体（售电公司）	使用岗位编号	G5001
活动描述	编制电力零售套餐		
输入业务信息编号	BI-BD-SCCQ-0155		
输出业务信息编号	BI-BD-SCCQ-0156		

续表

业务步骤/业务规则	（1）填写套餐基本信息； （2）配置分月套餐； （3）配置标签； （4）配置约束条件
非功能要求	业务正常时，<3秒；业务高峰时，<5秒；平均响应时间不得超过5秒

2．零售套餐上架

BP-BD-SCCQ-0105-0002 零售套餐上架见表 5-54。

表 5-54　　　　　　　　BP-BD-SCCQ-0105-0002 零售套餐上架

活动编号	BP-BD-SCCQ-0105-0002	活动名称	零售套餐上架
使用组织单元	市场主体（售电公司）	使用岗位编号	G5001
活动描述	售电公司将配置完成的零售套餐上架展示		
输入业务信息编号	BI-BD-SCCQ-0156		
输出业务信息编号	BI-BD-SCCQ-0157		
业务步骤/业务规则	（1）售电公司在电力交易平台提交零售套餐上架申请； （2）业务人员对零售套餐内容进行校核； （3）零售套餐上架展示		
非功能要求	业务正常时，<3秒；记录到数据库的上架时间精确到毫秒级		

3．店铺筛选

BP-BD-SCCQ-0105-0003 店铺筛选见表 5-55。

4．零售套餐筛选

BP-BD-SCCQ-0105-0004 零售套餐筛选见表 5-56。

表 5-55　　　　　　　　BP-BD-SCCQ-0105-0003 店铺筛选

活动编号	BP-BD-SCCQ-0105-0003	活动名称	店铺筛选
使用组织单元	市场主体（零售用户）	使用岗位编号	G5001
活动描述	零售用户查询售电公司零售店铺，查看店铺详情		
输入业务信息编号	BI-BD-SCCQ-0158		

续表

输出业务信息编号	无
业务步骤/业务规则	（1）输入店铺查询条件； （2）查看零售店铺查询结果； （3）查看店铺详情
非功能要求	业务正常时，<3秒；业务高峰时<5秒

表 5-56　　　　　　　　　　BP-BD-SCCQ-0105-0004 零售套餐筛选

活动编号	BP-BD-SCCQ-0105-0004	活动名称	零售套餐筛选
使用组织单元	市场主体（零售用户）	使用岗位编号	G5001
活动描述	零售用户查询零售套餐		
输入业务信息编号	BI-BD-SCCQ-0156		
输出业务信息编号	无		
业务步骤/业务规则	（1）输入套餐查询条件； （2）查询零售套餐信息		
非功能要求	业务正常时，<3秒；业务高峰时，<5秒		

5. 零售套餐比选

BP-BD-SCCQ-0105-0005 零售套餐比选见表 5-57。

表 5-57　　　　　　　　　　BP-BD-SCCQ-0105-0005 零售套餐比选

活动编号	BP-BD-SCCQ-0105-0005	活动名称	零售套餐比选
使用组织单元	市场主体（零售用户）	使用岗位编号	G5001
活动描述	零售用户选择多个零售套餐，对比零售套餐的内容		
输入业务信息编号	BI-BD-SCCQ-0156		
输出业务信息编号	无		
业务步骤/业务规则	（1）选择零售套餐； （2）比对零售套餐内容		
非功能要求	业务正常时，<3秒；业务高峰时，<5秒；平均响应时间不得超过 5 秒		

6. 零售套餐详情查看

BP-BD-SCCQ-0105-0006 零售套餐详情查看见表 5-58。

表 5-58　　　　　　　　BP-BD-SCCQ-0105-0006 零售套餐详情查看

活动编号	BP-BD-SCCQ-0105-0006	活动名称	零售套餐详情查看
使用组织单元	市场主体（零售用户）	使用岗位编号	G5001
活动描述	零售用户选择套餐后，查看零售套餐详情		
输入业务信息编号	BI-BD-SCCQ-0156		
输出业务信息编号	无		
业务步骤/业务规则	（1）选择零售套餐； （2）查看零售套餐详情		
非功能要求	业务正常时，<3 秒；业务高峰时，<5 秒		

7. 用户确认下单

BP-BD-SCCQ-0105-0007 用户确认下单见表 5-59。

表 5-59　　　　　　　　BP-BD-SCCQ-0105-0007 用户确认下单

活动编号	BP-BD-SCCQ-0105-0007	活动名称	用户确认下单
使用组织单元	市场主体（零售用户）	使用岗位编号	G5001
活动描述	零售用户查看套餐详情后，进行下单操作		
输入业务信息编号	BI-BD-SCCQ-0156、BI-BD-SCCQ-0159		
输出业务信息编号	BI-BD-SCCQ-0160		
业务步骤/业务规则	（1）查看零售套餐详情； （2）零售套餐下单		
非功能要求	业务正常时，<3 秒；业务高峰时，<5 秒		

8. 双边议价下单

BP-BD-SCCQ-0105-0008 双边议价下单见表 5-60。

表 5-60　　　　　　　　BP-BD-SCCQ-0105-0008 双边议价下单

活动编号	BP-BD-SCCQ-0105-0008	活动名称	双边议价下单
使用组织单元	市场主体（零售用户）	使用岗位编号	G5001

续表

活动描述	零售用户查看套餐详情后，选择带有议价标识的套餐，进行下单操作
输入业务信息编号	BI-BD-SCCQ-0156、BI-BD-SCCQ-0159
输出业务信息编号	BI-BD-SCCQ-0160
业务步骤/业务规则	（1）查看带有议价标识的零售套餐详情； （2）零售套餐议价下单
非功能要求	业务正常时，<3 秒；业务高峰时，<5 秒

9. 零售套餐参数定制

BP-BD-SCCQ-0105-0009 零售套餐参数定制见表 5-61。

表 5-61　　　　　BP-BD-SCCQ-0105-0009 零售套餐参数定制

活动编号	BP-BD-SCCQ-0105-0009	活动名称	零售套餐参数定制
使用组织单元	市场主体（售电公司）	使用岗位编号	G5001
活动描述	零售用户议价下单后，售电公司定制零售套餐参数			
输入业务信息编号	BI-BD-SCCQ-0156、BI-BD-SCCQ-0159			
输出业务信息编号	BI-BD-SCCQ-0160			
业务步骤/业务规则	（1）售电公司查看进行议价的零售套餐订单； （2）售电公司修改零售套餐参数			
非功能要求	业务正常时，<3 秒；业务高峰时，<5 秒			

10. 零售合同确认

BP-BD-SCCQ-0105-0010 零售合同确认见表 5-62。

表 5-62　　　　　BP-BD-SCCQ-0105-0010 零售合同确认

活动编号	BP-BD-SCCQ-0105-0010	活动名称	零售合同确认
使用组织单元	市场主体（零售用户）	使用岗位编号	G5001
活动描述	零售用户查看零售合同信息，确认零售合同			
输入业务信息编号	BI-BD-SCCQ-0160			
输出业务信息编号	无			

续表

业务步骤/业务规则	（1）零售用户查看零售合同信息； （2）零售用户确认零售合同
非功能要求	业务正常时，<3秒；业务高峰时，<5秒

5.4 业务活动

5.4.1 业务活动清单

市场出清包括中长期交易、现货交易、零售交易、合同管理等业务，业务活动层级图如图 5-8 所示。

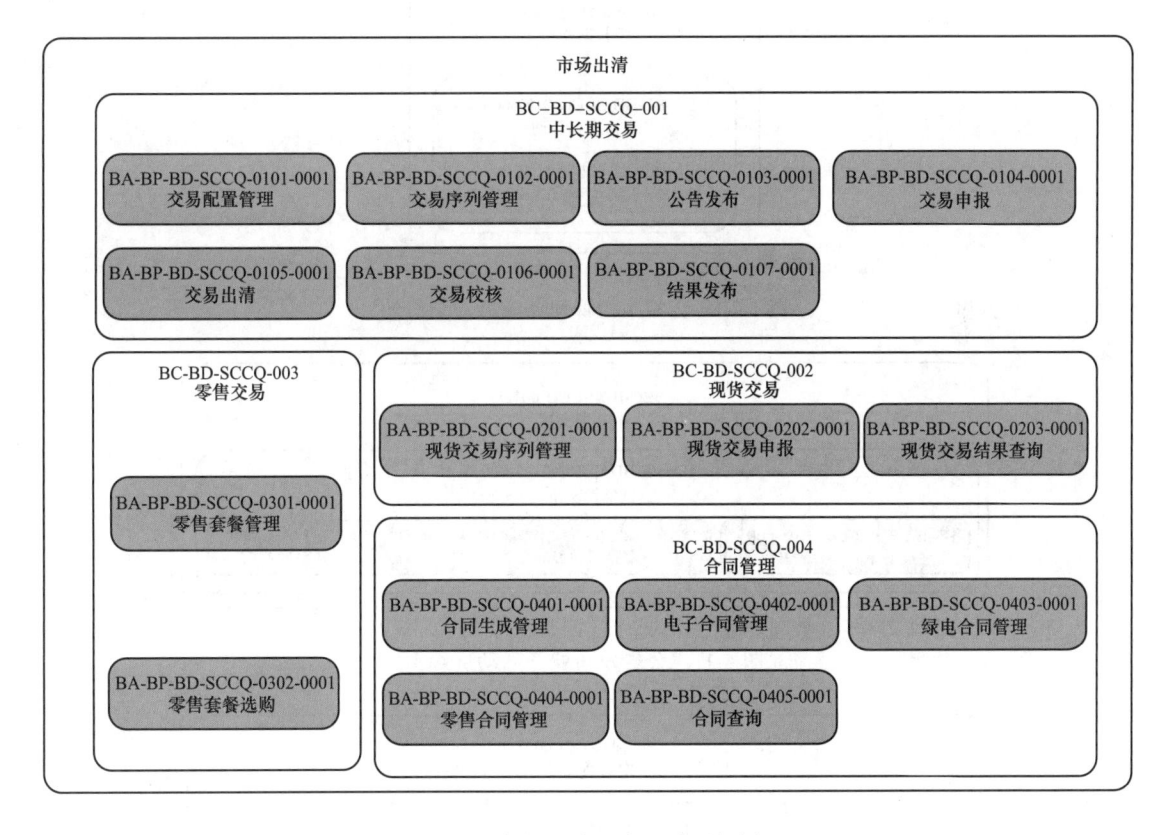

图 5-8 市场出清业务活动层级图

5.4.1.1 中长期交易

中长期交易各业务活动层级如图 5-9～图 5-15 所示。

```
┌─────────────────────────────────────────────────────────────┐
│                    BC-BD-SCCQ-001                           │
│                      中长期交易                              │
│  ┌───────────────────────────────────────────────────────┐  │
│  │              BA-BP-BD-SCCQ-0101-0001                  │  │
│  │                   交易配置管理                         │  │
│  │  ┌──────────────┐ ┌──────────────┐ ┌──────────────┐  │  │
│  │  │BS-BP-BD-SCCQ-│ │BS-BP-BD-SCCQ-│ │BS-BP-BD-SCCQ-│  │  │
│  │  │  0101-0001   │ │  0101-0002   │ │  0101-0003   │  │  │
│  │  │  交易参数管理 │ │  交易品种配置 │ │  交易单元管理 │  │  │
│  │  └──────────────┘ └──────────────┘ └──────────────┘  │  │
│  │  ┌──────────────┐ ┌──────────────┐ ┌──────────────┐  │  │
│  │  │BS-BP-BD-SCCQ-│ │BS-BP-BD-SCCQ-│ │BS-BP-BD-SCCQ-│  │  │
│  │  │  0101-0004   │ │  0101-0005   │ │  0101-0006   │  │  │
│  │  │  交易条款管理 │ │交易单元标定管理│ │  申报规则管理 │  │  │
│  │  └──────────────┘ └──────────────┘ └──────────────┘  │  │
│  │  ┌──────────────┐ ┌──────────────┐ ┌──────────────┐  │  │
│  │  │BS-BP-BD-SCCQ-│ │BS-BP-BD-SCCQ-│ │BS-BP-BD-SCCQ-│  │  │
│  │  │  0101-0007   │ │  0101-0008   │ │  0101-0009   │  │  │
│  │  │  出清规则管理 │ │  交易流程管理 │ │  页面显示管理 │  │  │
│  │  └──────────────┘ └──────────────┘ └──────────────┘  │  │
│  └───────────────────────────────────────────────────────┘  │
└─────────────────────────────────────────────────────────────┘
```

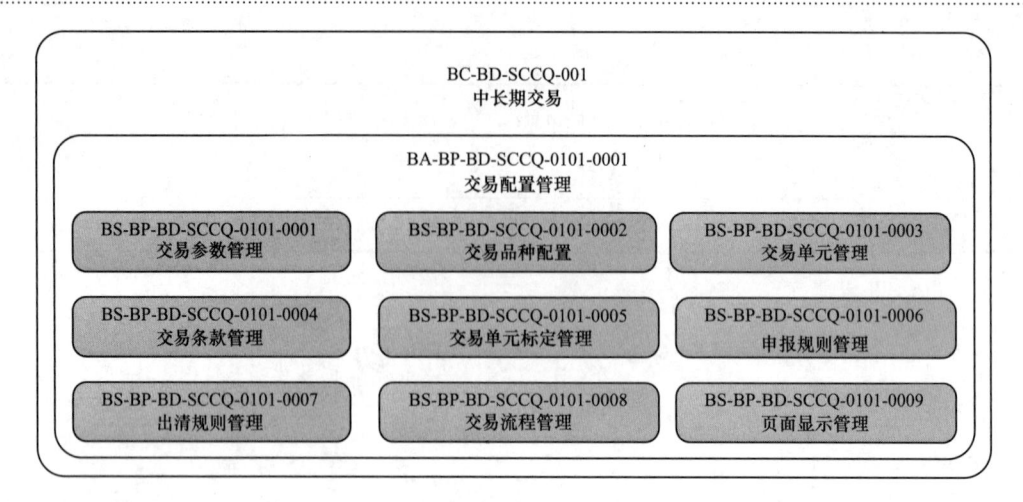

图 5-9　交易配置管理业务活动层级图

```
        ┌─────────────────────────────────────┐
        │          BC-BD-SCCQ-001             │
        │            中长期交易                │
        │  ┌───────────────────────────────┐  │
        │  │    BA-BP-BD-SCCQ-0102-0001    │  │
        │  │         交易序列管理           │  │
        │  │  ┌─────────────────────────┐  │  │
        │  │  │  BS-BP-BD-SCCQ-0102-0001│  │  │
        │  │  │       交易序列管理       │  │  │
        │  │  └─────────────────────────┘  │  │
        │  └───────────────────────────────┘  │
        └─────────────────────────────────────┘
```

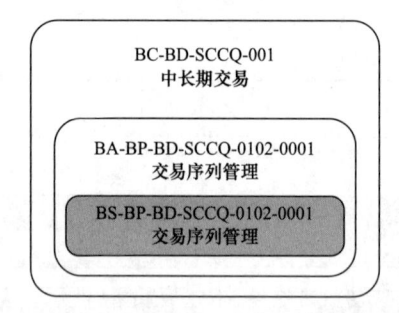

图 5-10　交易序列管理业务活动层级图

```
┌─────────────────────────────────────────────────────────────┐
│                    BC-BD-SCCQ-001                           │
│                      中长期交易                              │
│  ┌───────────────────────────────────────────────────────┐  │
│  │              BA-BP-BD-SCCQ-0103-0001                  │  │
│  │                      公告发布                          │  │
│  │  ┌──────────────┐ ┌──────────────┐ ┌──────────────┐  │  │
│  │  │BS-BP-BD-SCCQ-│ │BS-BP-BD-SCCQ-│ │BS-BP-BD-SCCQ-│  │  │
│  │  │  0103-0001   │ │  0103-0002   │ │  0103-0003   │  │  │
│  │  │交易单元信息校核│ │  交易附件发布 │ │  交易公告发布 │  │  │
│  │  └──────────────┘ └──────────────┘ └──────────────┘  │  │
│  └───────────────────────────────────────────────────────┘  │
└─────────────────────────────────────────────────────────────┘
```

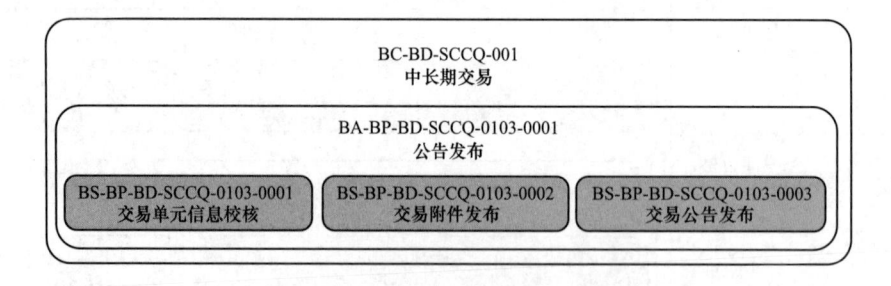

图 5-11　公告发布业务活动层级图

```
┌─────────────────────────────────────────────────────────────┐
│                    BC-BD-SCCQ-001                           │
│                      中长期交易                              │
│  ┌───────────────────────────────────────────────────────┐  │
│  │              BA-BP-BD-SCCQ-0104-0001                  │  │
│  │                       交易申报                         │  │
│  │  ┌──────────────┐ ┌──────────────┐ ┌──────────────┐  │  │
│  │  │BS-BP-BD-SCCQ-│ │BS-BP-BD-SCCQ-│ │BS-BP-BD-SCCQ-│  │  │
│  │  │  0104-0001   │ │  0104-0002   │ │  0104-0003   │  │  │
│  │  │双边协商交易申报│ │集中竞价交易申报│ │  挂牌交易申报 │  │  │
│  │  └──────────────┘ └──────────────┘ └──────────────┘  │  │
│  └───────────────────────────────────────────────────────┘  │
└─────────────────────────────────────────────────────────────┘
```

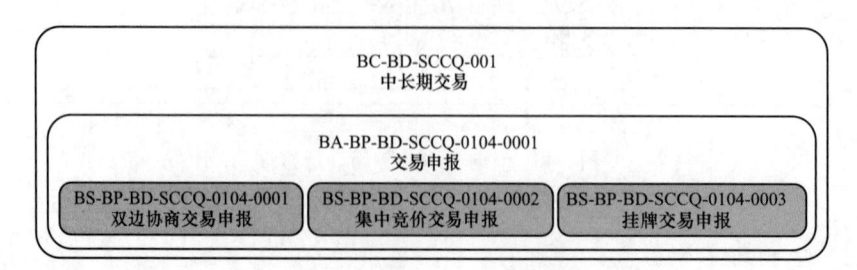

图 5-12　交易申报业务活动层级图

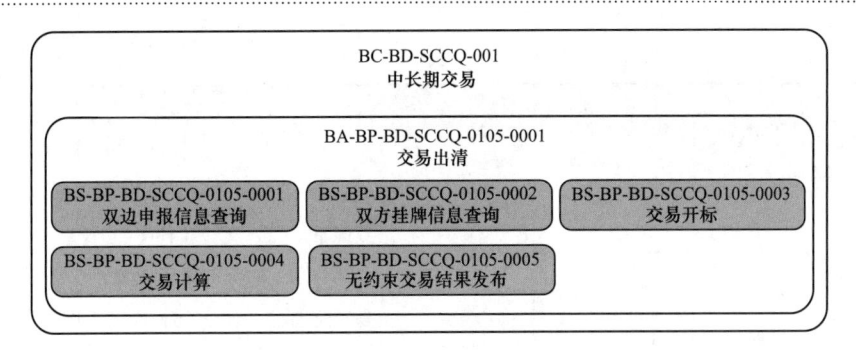

```
┌─────────────────────────────────────────────────────────────┐
│                    BC-BD-SCCQ-001                           │
│                      中长期交易                              │
│  ┌───────────────────────────────────────────────────────┐  │
│  │              BA-BP-BD-SCCQ-0105-0001                  │  │
│  │                     交易出清                           │  │
│  │ ┌──────────────────┐ ┌──────────────────┐ ┌──────────┐│  │
│  │ │BS-BP-BD-SCCQ-    │ │BS-BP-BD-SCCQ-    │ │BS-BP-BD- ││  │
│  │ │0105-0001         │ │0105-0002         │ │SCCQ-0105-││  │
│  │ │双边申报信息查询   │ │双方挂牌信息查询   │ │0003      ││  │
│  │ └──────────────────┘ └──────────────────┘ │交易开标  ││  │
│  │ ┌──────────────────┐ ┌──────────────────┐ └──────────┘│  │
│  │ │BS-BP-BD-SCCQ-    │ │BS-BP-BD-SCCQ-    │              │  │
│  │ │0105-0004         │ │0105-0005         │              │  │
│  │ │交易计算           │ │无约束交易结果发布 │              │  │
│  │ └──────────────────┘ └──────────────────┘              │  │
│  └───────────────────────────────────────────────────────┘  │
└─────────────────────────────────────────────────────────────┘
```

图 5-13　交易出清业务活动层级图

```
┌───────────────────────────────────────────────┐
│                BC-BD-SCCQ-001                 │
│                  中长期交易                    │
│ ┌───────────────────────────────────────────┐ │
│ │          BA-BP-BD-SCCQ-0106-0001          │ │
│ │                  交易校核                  │ │
│ │ ┌────────────────────┐ ┌─────────────────┐│ │
│ │ │BS-BP-BD-SCCQ-      │ │BS-BP-BD-SCCQ-   ││ │
│ │ │0106-0001           │ │0106-0002        ││ │
│ │ │调度安全校核         │ │交易结果调整      ││ │
│ │ └────────────────────┘ └─────────────────┘│ │
│ └───────────────────────────────────────────┘ │
└───────────────────────────────────────────────┘
```

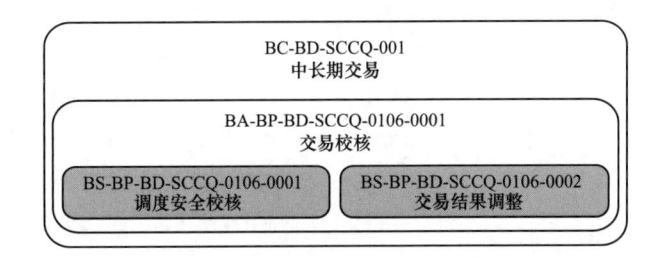

图 5-14　交易校核业务活动层级图

```
┌─────────────────────────────────────┐
│          BC-BD-SCCQ-001             │
│            中长期交易                │
│ ┌─────────────────────────────────┐ │
│ │     BA-BP-BD-SCCQ-0107-0001     │ │
│ │            结果发布              │ │
│ │ ┌─────────────────────────────┐ │ │
│ │ │ BS-BP-BD-SCCQ-0107-0001     │ │ │
│ │ │       交易结果发布           │ │ │
│ │ └─────────────────────────────┘ │ │
│ │ ┌─────────────────────────────┐ │ │
│ │ │ BS-BP-BD-SCCQ-0107-0002     │ │ │
│ │ │       交易结果查询           │ │ │
│ │ └─────────────────────────────┘ │ │
│ │ ┌─────────────────────────────┐ │ │
│ │ │ BS-BP-BD-SCCQ-0107-0003     │ │ │
│ │ │      省间交易结果共享        │ │ │
│ │ └─────────────────────────────┘ │ │
│ └─────────────────────────────────┘ │
└─────────────────────────────────────┘
```

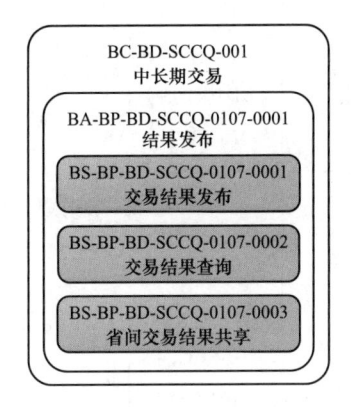

图 5-15　结果发布业务活动层级图

中长期交易业务活动清单见表 5-63。

表 5-63　　　　　　　　　　中长期交易业务活动清单

业务活动编号	业务活动名称	使用岗位编号	依赖业务活动编号	业务活动内容描述	前置条件
BA-BP-BD-SCCQ-0101-0001	交易配置管理	G2003	无	交易配置管理支持从交易类型、交易组织方式等维度对各类中长期交易进行配置。具体业务子项包括：（1）交易参	无

47

续表

业务活动编号	业务活动名称	使用岗位编号	依赖业务活动编号	业务活动内容描述	前置条件
BA-BP-BD-SCCQ-0101-0001	交易配置管理	G2003	无	数配置；（2）交易品种配置；（3）交易单元管理；（4）交易条款管理；（5）交易单元标定管理；（6）申报规则管理；（7）出清规则管理；（8）交易流程管理；（9）页面显示管理	无
BA-BP-BD-SCCQ-0102-0001	交易序列管理	G2003	BA-BP-BD-SCCQ-0101-0001	交易序列是贯穿整个交易流程的重要标识，交易序列主要维护交易公告发布的基本信息、交易品种、交易条款信息、申报规则信息、交易流程管理信息、出清规则信息、交易承诺书信息等	交易配置已完成
BA-BP-BD-SCCQ-0103-0001	公告发布	G2003	BA-BP-BD-SCCQ-0101-0001、BA-BP-BD-SCCQ-0102-0001	公告发布主要用于向市场主体发布交易公告信息。具体业务子项包括：（1）交易单元信息校核；（2）交易附件上传；（3）交易公告发布	交易序列已创建
BA-BP-BD-SCCQ-0104-0001	交易申报	G5001	BA-BP-BD-SCCQ-0101-0001、BA-BP-BD-SCCQ-0102-0001	参与中长期交易的市场主体，可以登录电力交易平台，按照不同品种交易的具体交易规则进行交易申报，参与市场交易。具体业务子项包括：（1）双边协商交易申报；（2）集中竞价交易申报；（3）挂牌交易申报	交易公告已发布
BA-BP-BD-SCCQ-0105-0001	交易出清	G2003	BA-BP-BD-SCCQ-0105-0001	交易出清是市场出清的关键环节，主要负责形成无约束交易结果，具体业务子项包括：（1）双边申报信息查询；（2）双方挂牌信息查询；（3）交易计算；（4）交易开标；（5）无约束交易结果发布	交易配置已完成
BA-BP-BD-SCCQ-0106-0001	交易校核	G2003	BA-BP-BD-SCCQ-0106-0001	调度负责对无约束交易结果进行安全校核，具体业务子项包括：（1）调度安全校核；（2）交易结果调整	无约束交易结果已生成

续表

业务活动编号	业务活动名称	使用岗位编号	依赖业务活动编号	业务活动内容描述	前置条件
BA-BP-BD-SCCQ-0107-0001	结果发布	G2003	BA-BP-BD-SCCQ-0106-0001、BA-BP-BD-SCCQ-0108-0001	交易结果经过安全校核后，形成有约束交易结果，交易中心对交易结果进行发布，主要业务子项包括：（1）交易结果发布；（2）交易结果查询；（3）省间交易结果共享	交易安全校核已完成

5.4.1.2 现货交易

现货交易各业务活动层级如图 5-16～图 5-18 所示。

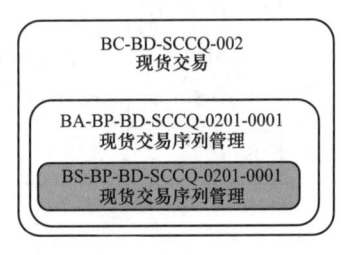

图 5-16 现货交易序列管理业务活动层级图

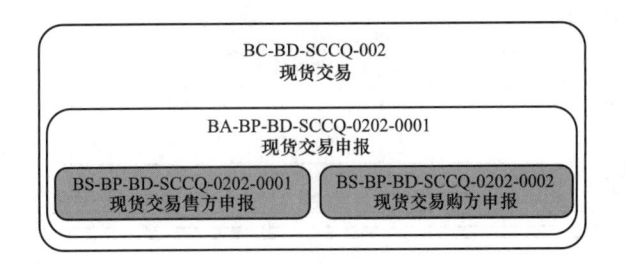

图 5-17 现货交易申报业务活动层级图

图 5-18 现货交易结果查询业务活动层级图

现货交易业务活动清单见表 5-64。

表 5-64　　　　　　　　　　现货交易业务活动清单

业务活动编号	业务活动名称	使用岗位编号	依赖业务活动编号	业务活动内容描述	前置条件
BA-BP-BD-SCCQ-0201-0001	现货交易序列管理	G2003	BI-BD-SCCQ-0119	电力交易平台自动创建现货交易序列并自动定时发布，设置交易开始时间、结束时间等交易的基本信息	无
BA-BP-BD-SCCQ-0202-0001	现货交易申报	G5001	BI-BD-SCCQ-0119	电力交易平台提供现货交易售方申报和现货交易购方申报功能	现货交易序列已发布
BA-BP-BD-SCCQ-0203-0001	现货交易结果查询	G5001	BI-BD-SCCQ-0119 BI-BD-SCCQ-0121	电力交易平台提供现货交易日前、实时交易结果查询功能	现货交易结果已出清

5.4.1.3 零售交易

零售交易包括零售套餐管理、零售套餐选购等业务活动，如图 5-19、图 5-20 所示。

```
BC-BD-SCCQ-003
零售交易
  BA-BP-BD-SCCQ-0301-0001
  零售套餐管理
    BS-BP-BD-SCCQ-0301-0001   BS-BP-BD-SCCQ-0301-0002   BS-BP-BD-SCCQ-0301-0003
    零售套餐配置              零售套餐上架              零售套餐下架
```

图 5-19　零售套餐管理业务活动层级图

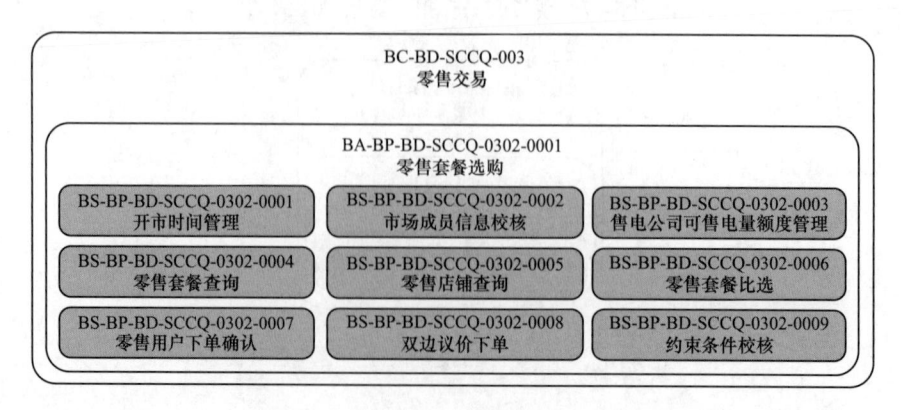

```
BC-BD-SCCQ-003
零售交易
  BA-BP-BD-SCCQ-0302-0001
  零售套餐选购
    BS-BP-BD-SCCQ-0302-0001   BS-BP-BD-SCCQ-0302-0002   BS-BP-BD-SCCQ-0302-0003
    开市时间管理              市场成员信息校核          售电公司可售电量额度管理
    BS-BP-BD-SCCQ-0302-0004   BS-BP-BD-SCCQ-0302-0005   BS-BP-BD-SCCQ-0302-0006
    零售套餐查询              零售店铺查询              零售套餐比选
    BS-BP-BD-SCCQ-0302-0007   BS-BP-BD-SCCQ-0302-0008   BS-BP-BD-SCCQ-0302-0009
    零售用户下单确认          双边议价下单              约束条件校核
```

图 5-20　零售套餐选购业务活动层级图

零售交易业务活动清单见表 5-65。

表 5-65 零售交易业务活动清单

业务活动编号	业务活动名称	使用岗位编号	依赖业务活动编号	业务活动内容描述	前置条件
BA-BP-BD-SCCQ-0301-0001	零售套餐管理	G5001	无	售电公司按照电力零售市场交易规则编制零售套餐，对零售套餐进行上下架管理。零售套餐管理主要包括：（1）零售套餐配置；（2）零售套餐上架；（3）零售套餐下架	无
BA-BP-BD-SCCQ-0302-0001	零售套餐选购	G5001	BA-BP-BD-SCCQ-0301-0001	在交易平台实现零售交易，供零售用户进行零售套餐的选购和下单，包括：（1）开市时间管理；（2）准入成员信息校核；（3）售电公司可售电量额度管理；（4）零售套餐查询；（5）零售店铺查询；（6）零售套餐比选；（7）零售用户下单确认；（8）双边议价下单；（9）约束条件校核	零售套餐管理

5.4.1.4 合同管理

合同管理包括合同生成管理、电子合同管理、绿电合同管理、零售合同管理、合同查询等业务活动，见图 5-21～图 5-25。

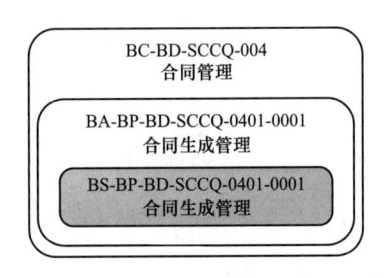

图 5-21 合同生成管理业务活动层级图

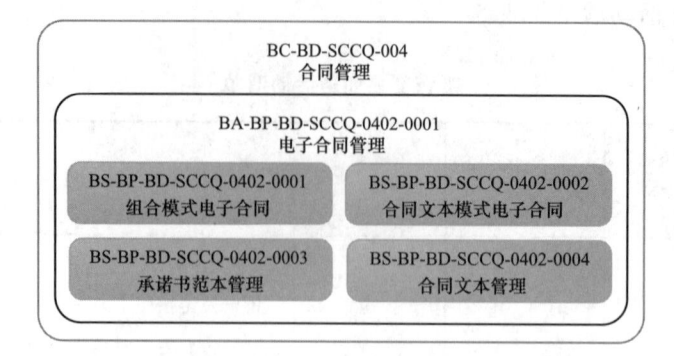

图 5-22　电子合同管理业务活动层级图

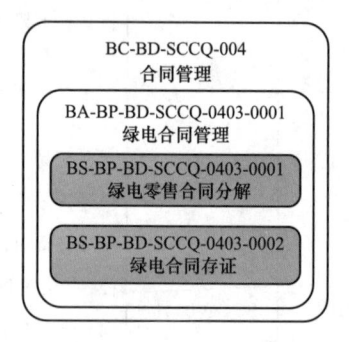

图 5-23　绿电合同管理业务活动层级图

图 5-24　零售合同管理业务活动层级图

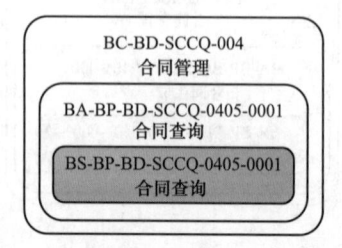

图 5-25　合同查询业务活动层级图

合同管理业务活动清单见表5-66。

表5-66　　　　　　　　　　合同管理业务活动清单

业务活动编号	业务活动名称	使用岗位编号	依赖业务活动编号	业务活动内容描述	前置条件
BA-BP-BD-SCCQ-0401-0001	合同生成管理	G2003	无	根据交易品种的条款和规则自动生成合同信息，并对生成的合同信息进行集中管理	无
BA-BP-BD-SCCQ-0402-0001	电子合同管理	G2003	BA-BP-BD-SCCQ-0401-0001	通过"承诺书＋交易公告＋交易结果"三位一体的组合方式，实现市场化交易合同的电子化管理。合同文本模式的电子合同，由交易平台自动生成包含各项合同条款的电子合同文本	交易结果确认
BA-BP-BD-SCCQ-0403-0001	绿电合同管理	G2003	BA-BP-BD-SCCQ-0401-0001	绿电合同管理包括绿电零售合同分解、绿电零售合同存证等功能，用于支撑绿电合同相关业务开展	合同已生成
BA-BP-BD-SCCQ-0404-0001	零售合同管理	G2003	BA-BP-BD-SCCQ-0401-0001	零售合同管理包含售电公司与零售用户的合同变更、合同解除	合同已生成
BA-BP-BD-SCCQ-0405-0001	合同查询	G2003	BA-BP-BD-SCCQ-0401-0001	可对根据交易结果自动生成的合同进行高级、模糊查询	合同已生成

5.4.2　业务活动分项说明

包括中长期交易、现货交易、零售交易、合同管理等业务活动分项。

5.4.2.1　中长期交易

1. 交易配置管理业务步骤清单

交易配置管理业务步骤清单见表5-67。

表 5-67　　　　　　　　　　　　交易配置管理业务步骤清单

业务步骤编号	业务步骤名称	输入业务信息编号	输出业务信息编号	业务步骤内容描述（业务步骤/业务规则）	前置条件
BS-BD-BP-SCCQ-0101-0001	交易参数配置	无	BI-BD-SCCQ-0162	交易参数配置用于维护交易模块的基本参数信息，包括条款参数、申报规则参数、交易品种编码、页面编码、流程节点定义等内容。参数由平台初始化或平台升级生成，通常不需要各省手工维护，升级时特殊说明的参数，需要各省根据业务要求维护	无
BS-BD-BP-SCCQ-0101-0002	交易品种配置	BI-BD-SCCQ-0162	BI-BD-SCCQ-0125	交易品种配置功能支持交易品种在规定的范围内可以自由增加，每个交易品种下能按交易形式新增子品种，如集中竞价、双边协商等。每个交易子品种的具体流程可以按需要配置	交易参数已配置
BS-BD-BP-SCCQ-0101-0003	交易单元管理	无	BI-BD-SCCQ-0154	交易单元是交易过程中最基本的交易元素，交易的电量电价以及合同都对应到交易单元上	市场主体已注册
BS-BD-BP-SCCQ-0101-0004	交易条款管理	BI-BD-SCCQ-0125	BI-BD-SCCQ-0126	交易条款管理主要维护除申报、出清、交易单元标定外的交易条款信息，如：电量精度、电价精度、是否分时间段、分时段数量、是否价差模式等；菜单项管理主要维护曲线类型、申报方、挂牌方、电量精度、电价精度、合同转让类型等交易基础数据信息	交易品种、交易参数已配置
BS-BD-BP-SCCQ-0101-0005	交易单元标定管理	BI-BD-SCCQ-0125	BI-BD-SCCQ-0127	交易单元可以复制、获取，可以采用单种方式，也可搭配使用来维护标签	交易品种、交易参数已配置

续表

业务步骤编号	业务步骤名称	输入业务信息编号	输出业务信息编号	业务步骤内容描述（业务步骤/业务规则）	前置条件
BS-BD-BP-SCCQ-0101-0006	申报规则管理	BI-BD-SCCQ-0125	BI-BD-SCCQ-0129	申报规则管理支持不同交易品种配置单独的申报规则，一种交易子品种对应一种申报规则，申报规则中可以维护与申报规则相关的申报参数	交易品种、交易参数已配置
BS-BD-BP-SCCQ-0101-0007	出清规则管理	BI-BD-SCCQ-0125	BI-BD-SCCQ-0131	出清规则管理为交易出清环节的算法计算服务，交易出清规则提供规则可配置的算法包、可自定义的排序因子，支持配置相关出清参数	交易品种、交易参数已配置
BS-BD-BP-SCCQ-0101-0008	交易流程管理	BI-BD-SCCQ-0125	BI-BD-SCCQ-0130	交易流程管理主要配置交易流程的关键流程节点，交易流程主要分为双边协商流程、集中竞价流程、挂牌流程	交易品种、交易参数已配置
BS-BD-BP-SCCQ-0101-0009	页面显示管理	BI-BD-SCCQ-0125	BI-BD-SCCQ-0133	页面显示管理可以支持在交易计算、交易出清、交易结果查询、交易单元信息校核等功能界面中对每个交易子品种展示的字段信息进行配置，按实际业务需求进行显示配置，默认提供通用模板控制，同时也支持按交易序列配置	交易品种、交易参数已配置

2. 交易序列管理业务步骤清单

交易序列管理业务步骤清单见表5-68。

表5-68　　　　　　　　　　交易序列业务步骤清单

业务步骤编号	业务步骤名称	输入业务信息编号	输出业务信息编号	业务步骤内容描述（业务步骤/业务规则）	前置条件
BS-BD-BP-SCCQ-0102-0001	交易序列管理	BI-BD-SCCQ-0125	BI-BD-SCCQ-0134	交易序列是贯穿整个交易流程的重要标识。用于维护交易公告发布的交易周期，以及各类交易的基本信息、交易品种、交易条款信息、交易单元标定信息、申报规则信息、交易流程管理信息、出清规则信息等	交易品种已创建

3. 公告发布业务步骤清单

公告发布业务步骤清单见表 5-69。

表 5-69　　　　　　　　　　　公告发布业务步骤清单

业务步骤编号	业务步骤名称	输入业务信息编号	输出业务信息编号	业务步骤内容描述（业务步骤/业务规则）	前置条件
BS-BD-BP-SCCQ-0103-0001	交易单元信息校核	BI-BD-SCCQ-0134	BI-BD-SCCQ-0127、BI-BD-SCCQ-0128、BI-BD-SCCQ-0141	交易单元信息校核实现将交易单元相关信息抽取到信息校核表中，当信息不完整时，对应交易单元显示为红色并提示	交易序列已创建
BS-BD-BP-SCCQ-0103-0002	交易附件上传	BI-BD-SCCQ-0134	BI-BD-SCCQ-0142	交易附件上传可对交易序列的公告、交易结果等附件进行管理，预览或下载现有附件，查看发布范围	交易序列已创建
BS-BD-BP-SCCQ-0103-0003	交易公告发布	BI-BD-SCCQ-0134	BI-BD-SCCQ-0143	交易公告发布支持交易公告发布及消息通知等功能，可查询交易序列的交易单元信息校核状态、交易公告校核状态、发布状态、交易详细说明等信息	交易序列已创建

4. 交易申报业务步骤清单

交易申报业务步骤清单见表 5-70。

表 5-70　　　　　　　　　　　交易申报业务步骤清单

业务步骤编号	业务步骤名称	输入业务信息编号	输出业务信息编号	业务步骤内容描述（业务步骤/业务规则）	前置条件
BS-BD-BP-SCCQ-0104-0001	双边协商交易申报	BI-BD-SCCQ-0134	BI-BD-SCCQ-0144	双边协商交易发布后市场主体在规定的时间窗口登录平台进行数据申报，非窗口期不允许申报，但可以查看交易公告，进行交易承诺书确认。由交易序列申报规则中配置的申报方进行申报，待申报方提交后确认方再进行确认	交易公告已发布

续表

业务步骤编号	业务步骤名称	输入业务信息编号	输出业务信息编号	业务步骤内容描述（业务步骤/业务规则）	前置条件
BS-BD-BP-SCCQ-0104-0002	集中竞价交易申报	BI-BD-SCCQ-0134	BI-BD-SCCQ-0144	交易序列发布后市场主体在规定的时间窗口登录平台进行数据申报，非窗口期不允许申报，但可以查看交易公告，进行交易承诺书确认。根据申报规则中配置信息，进行购方、售方数据申报	交易公告已发布
BS-BD-BP-SCCQ-0104-0003	挂牌交易申报	BI-BD-SCCQ-0134	BI-BD-SCCQ-0144	交易序列发布后市场主体在规定的时间窗口登录平台进行数据申报，非窗口期不允许申报，但可以查看交易公告，进行交易承诺书确认。在申报窗口期，挂牌方进行挂牌申报，摘牌方进行摘牌信息申报	交易公告已发布

5．交易出清业务步骤清单

交易出清业务步骤清单见表5-71。

表 5-71 交易出清业务步骤清单

业务步骤编号	业务步骤名称	输入业务信息编号	输出业务信息编号	业务步骤内容描述（业务步骤/业务规则）	前置条件
BS-BD-BP-SCCQ-0105-0001	双边申报信息查询	BI-BD-SCCQ-0134	BI-BD-SCCQ-0144	实现对双边交易申报信息查询功能。查看单笔双边交易序列所有时间段的购方电量、售方电量、购方电价、售方电价等详细信息	市场主体已申报
BS-BD-BP-SCCQ-0105-0002	双方挂牌信息查询	BI-BD-SCCQ-0134	BI-BD-SCCQ-0144	按页面显示配置的模板显示挂牌、摘牌方交易申报信息，并提供统计功能	市场主体已申报
BS-BD-BP-SCCQ-0105-0003	交易开标	BI-BD-SCCQ-0134	BI-BD-SCCQ-0134	在开标前支持查看交易序列的已申报交易单元和未申报交易单元的详细信息，支持按申报时间、申报角色、发电类型、电压等级等维度进行排序。	市场主体已申报

续表

业务步骤编号	业务步骤名称	输入业务信息编号	输出业务信息编号	业务步骤内容描述（业务步骤/业务规则）	前置条件
BS-BD-BP-SCCQ-0105-0003	交易开标	BI-BD-SCCQ-0134	BI-BD-SCCQ-0134	开标后可显示集中交易开标时间，查看交易购售双方用户类型、各时间段申报时间、电量、电价等信息	市场主体已申报
BS-BD-BP-SCCQ-0105-0004	交易计算	BI-BD-SCCQ-0134	BI-BD-SCCQ-0145	通过调用交易序列配置的出清规则进行出清计算得到出清结果，出清规则与指定的算法包及排序因子、出清参数进行绑定	交易序列已开标
BS-BD-BP-SCCQ-0105-0005	无约束交易结果发布	BI-BD-SCCQ-0134	BI-BD-SCCQ-0145	交易中心对无约束结果进行发布，市场主体可通过电力交易平台查询无约束出清结果	无约束交易结果已生成

6. 交易校核业务步骤清单

交易校核业务步骤清单见表 5-72。

表 5-72　　　　　　　　　交易校核业务步骤清单

业务步骤编号	业务步骤名称	输入业务信息编号	输出业务信息编号	业务步骤内容描述（业务步骤/业务规则）	前置条件
BS-BD-BP-SCCQ-0106-0001	调度安全校核	BI-BD-SCCQ-0134	BI-BD-SCCQ-0147	调度针对无约束交易结果进行安全校核，并形成安全校核意见及校核结果	无约束交易结果已生成
BS-BD-BP-SCCQ-0106-0002	交易结果调整	BI-BD-SCCQ-0134	BI-BD-SCCQ-0148	调度完成安全校核后，将校核意见及校核结果提交至电力交易平台。业务人员根据校核意见及结果对无约束交易结果进行调整，形成有约束交易结果	安全校核已完成

7. 结果发布业务步骤清单

结果发布业务步骤清单见表 5-73。

表 5-73　　　　　　　　　　结果发布业务步骤清单

业务步骤编号	业务步骤名称	输入业务信息编号	输出业务信息编号	业务步骤内容描述（业务步骤/业务规则）	前置条件
BS-BD-BP-SCCQ-0107-0001	交易结果发布	BI-BD-SCCQ-0134	BI-BD-SCCQ-0146	有约束交易出清后，交易中心可通过交易结果发布功能对各类交易的最终交易结果进行校核并发布。（1）通过有约束交易出清结果发布查看交易序列校核状态、发布状态、交易详细说明信息。（2）系统可实时查询有约束交易出清果校核流程进度，校核结果为"通过"时，该交易序列可以发布。（3）有约束交易出清结果发布后可通过短信通知市场成员	有约束交易结果已生成
BS-BD-BP-SCCQ-0107-0002	交易结果查询	BI-BD-SCCQ-0134	BI-BD-SCCQ-0146	交易结果查询供业务人员和市场主体查看已发布交易序列的交易结果，界面按页面显示配置动态展示信息列	交易结果已发布
BS-BD-BP-SCCQ-0107-0003	省间交易结果共享	BI-BD-SCCQ-0134	BI-BD-SCCQ-0146	省间交易在北京电力交易平台出清，交易完成后成交结果推送至省级电力交易平台，根据业务要求在当地进行后续结算等	省间交易结果已发布

5.4.2.2　现货交易

1. 现货交易序列管理业务步骤清单

现货交易序列管理业务步骤清单见表 5-74。

表 5-74　　　　　　　　现货交易序列管理业务步骤清单

业务步骤编号	业务步骤名称	输入业务信息编号	输出业务信息编号	业务步骤内容描述（业务步骤/业务规则）	前置条件
BS-BP-BD-SCCQ-0201-0001	现货交易序列管理	BI-BD-SCCQ-0119	BI-BD-SCCQ-0119	电力交易平台自动创建现货交易序列信息并定时发布	无

2. 现货交易申报业务步骤清单

现货交易申报业务步骤清单见表 5-75。

表 5-75　　　　　　　　　　现货交易申报业务步骤清单

业务步骤编号	业务步骤名称	输入业务信息编号	输出业务信息编号	业务步骤内容描述（业务步骤/业务规则）	前置条件
BS-BP-BD-SCCQ-0202-0001	现货交易售方申报	BI-BD-SCCQ-0119	BI-BD-SCCQ-0120	发电机组申报交易信息包括价格信息与约束信息	现货交易序列已发布
BS-BP-BD-SCCQ-0202-0002	现货交易购方申报	BI-BD-SCCQ-0119	BI-BD-SCCQ-0120	用电侧主体参与日前市场一般采用"报量不报价"模式，具备负荷调节能力的用户，负荷可调节部分采用"报量报价"模式参与现货市场。用电侧参与实时市场一般采用超短期负荷预测系统数据，不单独组织申报	现货交易序列已发布

3. 现货交易结果查询业务步骤清单

现货交易结果查询业务步骤清单见表 5-76。

表 5-76　　　　　　　　　现货交易结果查询业务步骤清单

业务步骤编号	业务步骤名称	输入业务信息编号	输出业务信息编号	业务步骤内容描述（业务步骤/业务规则）	前置条件
BS-BP-BD-SCCQ-0203-0001	现货交易结果查询	BI-BD-SCCQ-0119	BI-BD-SCCQ-0121	市场主体查询现货交易日前、实时交易结果	现货交易完成出清

5.4.2.3　零售交易服务

1. 零售套餐管理业务步骤清单

零售套餐管理业务步骤清单见表 5-77。

2. 零售套餐选购业务步骤清单

零售套餐选购业务步骤清单见表 5-78。

表 5-77　　　　　　　　　　零售套餐管理业务步骤清单

业务步骤编号	业务步骤名称	输入业务信息编号	输出业务信息编号	业务步骤内容描述（业务步骤/业务规则）	前置条件
BS-BP-BD-SCCQ-0301-0001	零售套餐配置	BI-BD-SCCQ-0155	BI-BD-SCCQ-0156	用于售电公司配置零售套餐，零售套餐配置可以分为基本信息、分月套餐配置、标签配置和约束条件配置等步骤。基础信息：上传零售套餐商品的标签图，设置可购买时间、套餐类型、配置人等基础信息。分月套餐配置：配置可购买时间内每个月零售套餐中的电价及电量参数；标签配置：配置零售套餐是否允许执行中变更、是否可解约；约束条件配置：配置零售套餐的约束条件，包括是否允许议价、最小购买周期、最大购买周期、最大销售量、用户最大/小用电量门槛、用户电压等级等	无
BS-BP-BD-SCCQ-0301-0002	零售套餐上架	BI-BD-SCCQ-0156	BI-BD-SCCQ-0157	零售套餐上架用于售电公司将其编制完成的零售套餐在零售交易平台进行挂牌。售电公司按照套餐名称、套餐状态、配置时间等查询零售套餐信息，选择未上架套餐进行上架操作	零售套餐配置
BS-BP-BD-SCCQ-0301-0003	零售套餐下架	BI-BD-SCCQ-0157	BI-BD-SCCQ-0157	零售套餐下架用于售电公司将其已挂牌的零售套餐进行撤牌。售电公司按照套餐名称、套餐状态、配置时间等查询零售套餐信息，选择已上架套餐进行下架操作	零售套餐上架

表 5-78　　　　　　　　　　零售套餐选购业务步骤清单

业务步骤编号	业务步骤名称	输入业务信息编号	输出业务信息编号	业务步骤内容描述（业务步骤/业务规则）	前置条件
BS-BP-BD-SCCQ-0302-0001	开市时间管理	无	BI-BD-SCCQ-0161	显示零售市场开市时间信息，可按照时间段维护零售市场循环时间、循环周期以及开市、闭市时间	无

61

续表

业务步骤编号	业务步骤名称	输入业务信息编号	输出业务信息编号	业务步骤内容描述（业务步骤/业务规则）	前置条件
BS-BP-BD-SCCQ-0302-0002	市场成员信息校核	BI-BD-SCCQ-0161	BI-BD-SCCQ-0159	抽取售电公司名称、信用评价等级、成立时间、地理区域、联系方式、已销售电量、可销售电量等信息	零售市场开市
BS-BP-BD-SCCQ-0302-0003	售电公司可售电量额度管理	BI-BD-SCCQ-0161、BI-BD-SCCQ-0159	BI-BD-SCCQ-0159	用于零售市场售电公司可销售电量进行调整。可通过售电公司资产总额年售电量、履约保障凭证计算可销售电量额度	零售市场开市
BS-BP-BD-SCCQ-0302-0004	零售套餐查询	BI-BD-SCCQ-0156	无	在交易平台提供零售套餐查询功能。零售套餐可以按照购买月份、购买周期、上架时间、解约方式等进行筛选，按照销售电量、上架时间等进行排序	零售套餐上架
BS-BP-BD-SCCQ-0302-0005	零售店铺查询	BI-BD-SCCQ-0158	无	在交易平台提供零售店铺查询功能。零售店铺可按照信用等级等进行筛选，按照用户数量、已销售电量、在售套餐数量等进行排序	市场成员信息校核
BS-BP-BD-SCCQ-0302-0006	零售套餐比选	BI-BD-SCCQ-0156	无	零售用户可将零售套餐加入、移除比选列表，进行零售套餐比选查询，还可以根据所选月份不同切换套餐详情，每个比选套餐都可选择月份，并根据月份切换信息，查看结构化数据详情，以结构化数据方式展示商品详细信息	零售套餐上架
BS-BP-BD-SCCQ-0302-0007	零售用户下单确认	BI-BD-SCCQ-0156	BI-BD-SCCQ-0160	零售用户在零售交易允许时间范围内进行下单确认操作。零售用户下单时需选择零售套餐及购买标的月，下单购买含偏差处理方式的套餐时，需填写分月/分时零售电量值	零售套餐上架

续表

业务步骤编号	业务步骤名称	输入业务信息编号	输出业务信息编号	业务步骤内容描述（业务步骤/业务规则）	前置条件
BS-BP-BD-SCCQ-0302-0008	双边议价下单	BI-BD-SCCQ-0156	BI-BD-SCCQ-0160	零售用户选择带有议价标识的零售套餐，可通过双边协商方式修改零售套餐内容。售电公司可对套餐中各月套餐的价格值、价差值、比例系数等进行修改，发送给零售用户确认	零售套餐上架
BS-BP-BD-SCCQ-0302-0009	约束条件校核	BI-BD-SCCQ-0160	BI-BD-SCCQ-0160	下单时对零售套餐各项约束条件进行校核。零售套餐各项约束条件包括统一基础约束条件与零售套餐自定义约束条件。其中，统一基础约束条件为零售交易基本要求有关内容。零售套餐自定义约束条件为零售套餐关键条款中最大/小购买月份数、用户月均电量最大/小约束、用户电压等级范围等内容	零售用户下单确认或者双边议价下单

5.4.2.4 合同管理

1. 合同生成管理业务步骤清单

合同生成管理业务步骤清单见表 5-79。

表 5-79　　　　　　　合同生成管理业务步骤清单

业务步骤编号	业务步骤名称	输入业务信息编号	输出业务信息编号	业务步骤内容描述（业务步骤/业务规则）	前置条件
BS-BP-BD-SCCQ-0401-0001	合同生成管理	BI-BD-SCCQ-0201	BI-BD-SCCQ-0203	根据各类不同交易结果生成对应的合同，可对生成的合同进行集中管理	交易结果已发布

2. 电子合同管理业务步骤清单

电子合同管理业务步骤清单见表 5-80。

表 5-80　　　　　　　　　　电子合同管理业务步骤清单

业务步骤编号	业务步骤名称	输入业务信息编号	输出业务信息编号	业务步骤内容描述（业务步骤/业务规则）	前置条件
BS-BP-BD-SCCQ-0402-0001	组合模式电子合同	BI-BD-SCCQ-0203	BI-BD-SCCQ-0209	通过"承诺书+交易公告+交易结果"三位一体的方式，实现市场化交易合同电子化管理	合同类型定义
BS-BP-BD-SCCQ-0402-0002	合同文本模式电子合同	BI-BD-SCCQ-0211	BI-BD-SCCQ-0211	合同文本模式的电子合同，由交易平台自动生成电子合同文本。合同各方对合同文本内容进行确认，采用电子签章等安全可靠的技术手段进行签署	合同类型定义
BS-BP-BD-SCCQ-0402-0003	承诺书范本管理	BI-BD-SCCQ-0210	BI-BD-SCCQ-0210	支持多种格式的承诺书范本文件上传、生效、修改、下载、失效、预览等功能	合同类型定义
BS-BP-BD-SCCQ-0402-0004	合同文本管理	BI-BD-SCCQ-0206	BI-BD-SCCQ-0206	支持多种格式的合同文本文件的上传、生效、修改、失效、查询等功能	合同类型定义

3. 绿电合同管理业务步骤清单

绿电合同管理业务步骤清单见表 5-81。

表 5-81　　　　　　　　　　绿电合同管理业务步骤清单

业务步骤编号	业务步骤名称	输入业务信息编号	输出业务信息编号	业务步骤内容描述（业务步骤/业务规则）	前置条件
BS-BP-BD-SCCQ-0403-0004	绿电零售合同分解	BI-BD-SCCQ-0203	BI-BD-SCCQ-0212	支持售电公司在参与绿色电力交易后，将次月及后续月份的电量分配给零售用户，以便进行后续的执行和结算	合同已生成
BS-BP-BD-SCCQ-0403-0005	绿电合同存证	BI-BD-SCCQ-0212	BI-BD-SCCQ-0213	在合同生成和绿电零售合同分解完成后，电力交易平台将相关合同信息上传至区块链平台，以实现绿电的可追溯性，确保绿电交易的透明度和安全性得到进一步提升	合同已生成、绿电零售合同已分解

4. 零售合同管理业务步骤清单

零售合同管理业务步骤清单见表5-82。

表 5-82　　　　　　　　　　零售合同管理业务步骤清单

业务步骤编号	业务步骤名称	输入业务信息编号	输出业务信息编号	业务步骤内容描述（业务步骤/业务规则）	前置条件
BS-BP-BD-SCCQ-0404-0001	零售合同变更	BI-BD-SCCQ-0203	BI-BD-SCCQ-0203	零售用户或者售电公司选择生效的零售合同，发起合同变更申请，等待另一方确认；另一方可在变更确认中查看变更申请内容，确认后变更成功，也可拒绝变更，则变更失败	零售交易已达成
BS-BP-BD-SCCQ-0404-0002	零售合同解除	BI-BD-SCCQ-0203	BI-BD-SCCQ-0203	零售用户或者售电公司选择合同另一方发起解约，进入解约界面阅读解约规则，解约方式为"双方友好协商同意解除套餐合约"，发起解约后，另一方确认后，解约成功；如另一方驳回，则解约失败	零售交易已达成

5. 合同查询业务步骤清单

合同查询业务步骤清单见表5-83。

表 5-83　　　　　　　　　　合同查询业务步骤清单

业务步骤编号	业务步骤名称	输入业务信息编号	输出业务信息编号	业务步骤内容描述（业务步骤/业务规则）	前置条件
BS-BP-BD-SCCQ-0405-0001	合同查询	无	BI-BD-SCCQ-0203	为用户提供便捷、快速的合同信息检索服务，提供灵活的查询条件，方便用户查询合同电量、价格信息等	无

5.5　业　务　信　息

5.5.1　交易管理业务信息

交易管理业务信息业务信息清单见表5-84。

表 5-84　　　　　　　　　　　交易管理业务信息业务信息清单

业务信息编号	业务信息类型	业务信息名称	用途	使用单位	制作单位	使用频率
BI-BD-SCCQ-0101	单据	交易日程信息	电力交易中心制定交易日程计划，包括各类交易各交易环节的起止时间、负责人、工作要求等内容，可以上传附件详细说明	电力交易中心	电力交易中心	按需
BI-BD-SCCQ-0102	单据	交易发布信息	电力交易中心通过电力交易平台向市场主体发布交易相关市场信息和交易公告，包括供需形势、预计交易规模等	电力交易中心	电力交易中心	按需
BI-BD-SCCQ-0103	单据	框架协议信息	描述框架协议中约定的相关信息，包括买卖双方、电量、电价、周期等	电力交易中心	电力交易中心	按需
BI-BD-SCCQ-0104	单据	意向序列信息	记录交易意向序列详细信息	电力交易中心	电力交易中心	每月
BI-BD-SCCQ-0105	单据	意向申报信息	记录市场主体意向申报电量（或电力）等详细信息	电力交易中心	电力交易中心	每月
BI-BD-SCCQ-0106	单据	交易意向信息	记录市场主体交易意向信息	电力交易中心	电力交易中心	每月
BI-BD-SCCQ-0107	单据	分区电网模型信息	记录分区电网模型详细信息	电力交易中心	调度	按需
BI-BD-SCCQ-0108	单据	分区负荷预测信息	记录分区负荷预测的详细信息，包括分区、日期、时间、负荷	电力交易中心	调度	按需
BI-BD-SCCQ-0109	单据	检修计划信息	记录检修计划的详细信息，包括联络线检修计划、机组检修计划	电力交易中心	调度	按需

续表

业务信息编号	业务信息类型	业务信息名称	用途	使用单位	制作单位	使用频率
BI-BD-SCCQ-0110	单据	联络线计划信息	记录联络线计划的详细信息，包括联络线功率等	电力交易中心	调度	按需
BI-BD-SCCQ-0111	单据	电网安全约束信息	记录电网安全约束信息，包括设备约束、稳定断面约束等	电力交易中心	调度	按需
BI-BD-SCCQ-0112	单据	可用输电能力信息	记录电网输电能力、已成交交易的输电能力、剩余可用输电能力	电力交易中心	调度	按需
BI-BD-SCCQ-0113	单据	来水信息	记录来水信息，包括重点水电厂总可调水量、总储能值、常规水电发电量、月末总可调水量、月末总储能值	电力交易中心	调度	每日
BI-BD-SCCQ-0114	单据	风光预测信息	记录风电、光伏电站等新能源电厂发电预测电量、电力信息	电力交易中心	调度	每日
BI-BD-SCCQ-0115	单据	价格信息	记录输电价格及线损，获取标杆价格信息	电力交易中心	电网企业财务部门	每月
BI-BD-SCCQ-0116	单据	气象信息	记录详细的数值天气信息	电力交易中心	调度	每日
BI-BD-SCCQ-0117	单据	交易预出清结果信息	记录交易预出清结果详细信息，包含无约束结果等	电力交易中心	电力交易中心	每月
BI-BD-SCCQ-0118	单据	交易预校核结果信息	记录交易考虑预校核结果后的出清结果详细信息结果	电力交易中心	电力交易中心	每月
BI-BD-SCCQ-0119	单据	现货序列信息	记录日前、日内、实时交易序列的信息	电力交易中心	电力交易中心	每日

续表

业务信息编号	业务信息类型	业务信息名称	用途	使用单位	制作单位	使用频率
BI-BD-SCCQ-0120	单据	现货交易申报信息	记录市场成员参与现货交易的申报信息，包括分时电价信息、96点电力信息等	电力交易中心	电力交易中心	每日/实时
BI-BD-SCCQ-0121	单据	现货交易结果信息	记录日前、日内、实时交易出清结果信息以及现货市场运营统计数据	电力交易中心	调度	每日/实时
BI-BD-SCCQ-0122	单据	机组电力电量信息	记录市场主体、联络线实时电力电量等详细信息	电力交易中心	调度	每日
BI-BD-SCCQ-0123	单据	中长期合约信息	记录市场成员基数合约、优先发电电量详细信息，包括电量信息以及分解到日的96点曲线信息等	电力交易中心	电力交易中心	每月
BI-BD-SCCQ-0124	单据	交易出清报表信息	记录各种交易申报、结果信息	电力交易中心	电力交易中心	业务触发
BI-BD-SCCQ-0125	单据	交易品种配置信息	记录交易品种，交易子品种信息	电力交易中心	电力交易中心	按需
BI-BD-SCCQ-0126	单据	交易条款信息	记录交易通用条款配置信息	电力交易中心	电力交易中心	按需
BI-BD-SCCQ-0127	单据	交易单元信息标定	记录交易单元标定信息，用于按规则获取交易单元标定	电力交易中心	电力交易中心	每月
BI-BD-SCCQ-0128	单据	准入标签信息	记录交易标签信息，用于按标签获取交易单元	电力交易中心	电力交易中心	每月
BI-BD-SCCQ-0129	单据	申报规则信息	记录交易申报信息，用于控制市场主体申报	电力交易中心	电力交易中心	每月

续表

业务信息编号	业务信息类型	业务信息名称	用途	使用单位	制作单位	使用频率
BI-BD-SCCQ-0130	单据	交易流程信息	记录交易流程信息,用于控制交易整理流程	电力交易中心	电力交易中心	每月
BI-BD-SCCQ-0131	单据	出清规则信息	记录交易出清规则信息,包含排序因子、算法类、出清参数等	电力交易中心	电力交易中心	每月
BI-BD-SCCQ-0132	单据	交易承诺书信息	记录每个交易子品种关联的交易承诺书范本	电力交易中心	电力交易中心	按需
BI-BD-SCCQ-0133	单据	页面显示信息	记录页面显示信息,包含页面的显示顺序、是否锁列、显示名称等信息	电力交易中心	电力交易中心	按需
BI-BD-SCCQ-0134	单据	交易序列信息	记录交易序列的基本信息及参数配置信息	电力交易中心	电力交易中心	每月
BI-BD-SCCQ-0135	单据	交易序列组信息	记录交易序列组信息,确定多个交易序列的关联关系	电力交易中心	电力交易中心	每月
BI-BD-SCCQ-0136	单据	交易输电价格信息	记录交易各输电环节的电价、线损等参数信息	电力交易中心	电力交易中心	每月
BI-BD-SCCQ-0137	单据	单元申报约束信息	记录购方、售方单元申报约束及全年申报约束信息	电力交易中心	电力交易中心	按需
BI-BD-SCCQ-0138	单据	单元组申报约束信息	记录购方、售方单元组申报约束信息	电力交易中心	电力交易中心	按需
BI-BD-SCCQ-0139	单据	单元计算约束信息	记录购方、售方单元计算约束及全年申报约束信息	电力交易中心	电力交易中心	按需
BI-BD-SCCQ-0140	单据	单元组计算约束信息	记录购方、售方单元组计算约束信息	电力交易中心	电力交易中心	按需

续表

业务信息编号	业务信息类型	业务信息名称	用途	使用单位	制作单位	使用频率
BI-BD-SCCQ-0141	单据	交易单元信息抽取信息	记录从市场成员抽取过来的市场成员基础信息及从结算抽取过来的电价信息	电力交易中心	电力交易中心	每月
BI-BD-SCCQ-0142	单据	交易附件上传信息	记录交易附件基本信息，包含附件信息及发布对象信息	电力交易中心	电力交易中心	每月
BI-BD-SCCQ-0143	单据	交易公告发布信息	记录电力交易中心向市场主体发布的交易公告的状态信息	电力交易中心	电力交易中心	每月
BI-BD-SCCQ-0144	单据	申报信息	记录市场主体参与交易的量价及参数信息	电力交易中心	电力交易中心	每月
BI-BD-SCCQ-0145	单据	无约束出清结果信息	记录没考虑调度安全校核的出清结果信息	电力交易中心	电力交易中心	每月
BI-BD-SCCQ-0146	单据	出清结果发布信息	记录无约束、有约束出清结果发布状态信息	电力交易中心	电力交易中心	每月
BI-BD-SCCQ-0147	单据	调度安全校核信息	记录交易电量校核信息等	电力交易中心	调度	每月
BI-BD-SCCQ-0148	单据	有约束出清结果信息	记录考虑调度校核后的出清结果信息	电力交易中心	电力交易中心	每月
BI-BD-SCCQ-0149	单据	交易结果电子信息	记录结果发布后生成结果电子信息	电力交易中心	电力交易中心	每月
BI-BD-SCCQ-0150	单据	交易结果共享信息	记录北京电力交易平台共享至省级电力交易平台的结果信息	省级电力交易中心	北京电力交易中心	每月
BI-BD-SCCQ-0151	单据	分布式交易信息	记录分布式交易详细信息	电力交易中心	电力交易中心	每月

续表

业务信息编号	业务信息类型	业务信息名称	用途	使用单位	制作单位	使用频率
BI-BD-SCCQ-0152	单据	交易序列状态监控	记录交易序列当前的状态信息，交易执行情况跟踪	电力交易中心	电力交易中心	按需
BI-BD-SCCQ-0153	单据	交易时间段信息	记录交易序列拆分的时间段信息	电力交易中心	电力交易中心	按需
BI-BD-SCCQ-0154	单据	交易单元信息	记录交易单元名称、生效日期、失效日期、所属市场成员、排序号、业务组织编码等信息	北京电力交易中心	北京电力交易中心	按需
BI-BD-SCCQ-0155	单据	零售套餐配置参数	电力交易中心制定零售套餐所包含的数据参数信息，确定参数、必填项、选填项等	电力交易中心	电力交易中心	按需
BI-BD-SCCQ-0156	单据	零售套餐信息	售电公司编制零售套餐的信息，包括套餐基本信息，月套餐信息、约束条件等	电力交易中心	电力交易中心	按需
BI-BD-SCCQ-0157	单据	零售套餐上架信息	记录零售市场套餐的上架信息	电力交易中心	电力交易中心	按需
BI-BD-SCCQ-0158	单据	零售店铺信息	记录零售市场店铺信息	电力交易中心	电力交易中心	按需
BI-BD-SCCQ-0159	单据	零售市场成员抽取信息	记录零售市场成员信息	电力交易中心	电力交易中心	按需
BI-BD-SCCQ-0160	单据	零售订单信息	记录零售市场订单详细信息	电力交易中心	电力交易中心	按需
BI-BD-SCCQ-0161	单据	零售开市时间信息	记录零售市场开市、闭市时间信息	电力交易中心	电力交易中心	按需
BI-BD-SCCQ-0162	单据	交易参数信息	记录交易配置基础参数信息	电力交易中心	电力交易中心	按需

5.5.2 合同管理业务信息

合同管理业务信息业务信息清单见表 5-85。

表 5-85 合同管理业务信息业务信息清单

业务信息编号	业务信息类型	业务信息名称	用途	使用单位	制作单位	使用频率
BI-BD-SCCQ-0201	单据	合同参数信息	记录合同参数配置信息	电力交易中心	电力交易中心	业务触发
BI-BD-SCCQ-0202	单据	合同类型信息	记录合同类型信息	电力交易中心	电力交易中心	业务触发
BI-BD-SCCQ-0203	单据	合同主信息	记录合同主信息	电力交易中心	电力交易中心	业务触发
BI-BD-SCCQ-0204	单据	合同校核流程信息	记录合同校核流程信息	电力交易中心	电力交易中心	业务触发
BI-BD-SCCQ-0205	单据	合同版本信息	记录合同版本信息	电力交易中心	电力交易中心	业务触发
BI-BD-SCCQ-0206	单据	合同范本信息	记录合同范本信息	电力交易中心	电力交易中心	业务触发
BI-BD-SCCQ-0207	单据	合同序列信息	记录合同序列信息	电力交易中心	电力交易中心	业务触发
BI-BD-SCCQ-0208	单据	合同附件信息	记录合同附件信息	电力交易中心	电力交易中心	业务触发
BI-BD-SCCQ-0209	单据	电子合同信息	记录电子合同信息	电力交易中心	电力交易中心	业务触发
BI-BD-SCCQ-0210	单据	承诺书范本信息	记录承诺书范本信息	电力交易中心	电力交易中心	业务触发
BI-BD-SCCQ-0211	单据	合同文本信息	记录合同文本信息	电力交易中心	电力交易中心	业务触发

续表

业务信息编号	业务信息类型	业务信息名称	用　　途	使用单位	制作单位	使用频率
BI-BD-SCCQ-0212	单据	绿电零售公司分解信息	记录绿电批发合同分解后的绿电零售合同分解信息	电力交易中心	电力交易中心	业务触发
BI-BD-SCCQ-0213	单据	绿电合同存证信息	记录合同存证信息	电力交易中心	电力交易中心	业务触发

6 共享融合需求

6.1 共享融合需求一

共享融合需求一见表 6-1。

表 6-1　　　　　　　　　共享融合需求一

单位1	电力交易中心	单位2	调度
系统1	新一代电力交易平台	系统2	调度系统
涉及流程	无		
需求说明	（1）日前申报信息；（2）实时申报信息；（3）日前、实时申报信息接收状态回执信息；（4）日前、实时出清结果信息		
流程说明	电力交易平台将日前申报信息、实时申报信息推送至调度系统。调度系统自动将日前、实时申报信息接收状态回执信息，日前、实时出清结果信息推送至电力交易平台		

6.2 共享融合需求二

共享融合需求二见表 6-2。

表 6-2　　　　　　　　　共享融合需求二

单位1	电力交易中心	单位2	营销部
系统1	新一代电力交易平台	系统2	营销系统
涉及流程	无		
需求说明	按照序列或按照月份将代理购电合同信息推送至营销系统，可以查询推送信息是否成功		
流程说明	电力交易平台将代理购电合同信息推送至营销系统		

参 考 文 献

[1] 史连军．能源转型下的电力市场发展思考［J］．中国电力企业管理，2023，（10）：22-26．

[2] 史连军．电力市场建设需以系统思维统筹推进［J］．中国电力企业管理，2022（10）：50-54．

[3] 谢开，彭鹏，荆朝霞，等．欧洲统一电力市场设计与实践［M］．北京：中国电力出版社，2022．

[4] 谢开．美国电力市场运行与监管实例分析［M］．北京：中国电力出版社，2017．

[5] 张显，史连军．中国电力市场未来研究方向及关键技术［J］．电力系统自动化，2020，44（16）．

[6] 刘永辉，张显，谢开，等．能源互联网背景下的新一代电力交易平台设计探讨［J］．电力系统自动化，2021，45（07）：104-115．

[7] 刘硕，张梦晗，夏清，等．基于备用辅助服务需求申报的现货市场机制设计［J］．电力系统自动化，2022，46（22）：72-82．

[8] 张圣楠，刘永辉，胡婉莉，等．电力交易平台业务中台设计研究［J］．电网技术，2021，45（04）：1364-1370．DOI:10.13335/j.1000-3673.pst.2020.1877．

[9] 刘敦楠，许小峰，李根柱，等．考虑供需不确定性与价格波动的电网企业代理购电优化决策［J］．电网技术，2023，47（07）：2691-2705．DOI:10.13335/j.1000-3673.pst.2023.0273．

[10] 刘敦楠，李竹，徐尔丰，等．面向新型电力系统的灵活能量块交易出清模型［J］．电网技术，2022，46（11）：4150-4162．DOI:10.13335/j.1000-3673.pst.2022.0703．

[11] 薛金花，叶季蕾，许庆强，等．客户侧分布式储能消纳新能源的互动套餐和多元化商业模式研究［J］．电网技术，2020，44（04）：1310-1316．

[12] 刘学，刘硕，于松泰，等．面向新型电力系统灵活性提升的调峰容量补偿机制设计［J］．电网技术，2023，47（01）：155-163．DOI:10.13335/j.1000-3673.pst.2022.0790．

[13] 舒畅，钟海旺，夏清，等．约束条件弹性化的月度电力市场机制设计［J］．中国电机工程学报，2016，36（3）：587-595．

[14] 周鑫，王巍，袁泉，等．基于数据集成的电力市场环境下电力交易管理系统设计［J］．电气应用，2023，42（02）：107-113．

[15] 纪鹏，曾丹，孙田，等．全国统一电力市场体系深化建设研究——以省间、省内市场耦合演进路径设计为切入点［J］．价格理论与实践，2022（05）：105-109．DOI:10.19851/j.cnki.CN11-1010/F.2022.05.091．

[16] 岳紫玉，谢文，周琳，等．现货市场下批发侧至零售侧的电价传导机制研究［J］．电力需求侧管理，

2023，25（03）：6-13.

[17] 王宵雁，顾锦汶，宋燕敏，等. 电力市场中的合同管理系统. 电力系统自动化，2002，26（5）：13-16.

[18] 袁浩，董晓亮，刘强，等. 全国统一电力市场体系下电力零售侧市场框架设计［J］. 电网技术，2022，46（12）：4852-4862.

[19] 高志远，袁浩，刘强，等. 基于算法库和灵活组态的电力零售市场模拟推演［J］. 电网技术，2022，46（11）：4200-4208.

[20] 彭一海，刘继春，刘俊勇. 两级电力市场环境下考虑多类型零售套餐的售电公司购售电策略［J］. 电网技术，2022，46（03）：944-957.

[21] 费彬. 电力交易平台的支持系统分析［J］. 电子技术，2022，51（12）：216-217.

[22] 北京电力交易中心有限公司组编. 新一代电力交易平台（省间）设计丛书 业务模型设计 市场出清分册. 北京：中国电力出版社，2021.

[23] 北京电力交易中心有限公司组编. 新一代电力交易平台（省间）设计丛书 需求规格设计 市场出清分册. 北京：中国电力出版社，2021.

[24] 黄龙达，杨争林，庄卫金，等. 电力"中长期+现货"市场全业务支撑平台关键技术研究［J］. 电网技术，2020，44（11）.